すぐに使える

日本語教師必携

「レアリア・生教材」アイデア帖

JAPAN FOUNDATION 国際交流基金

スリーエーネットワーク

Published by 3A Corporation.
Trusty Kojimachi Bldg., 2F, 4, Kojimachi 3-Chome, Chiyoda-ku, Tokyo 102-0083, Japan

ISBN978-4-88319-400-1　C0081

First published 2006
Printed in Japan

はじめに

★「レアリア・生教材」とは

ことばの教育の現場では、教育の補助として使われる「本当の物」（教育のためにわざわざ作られたものではないもの）を「レアリア」“realia”と呼びます。この“realia”ということばは、「事物」「本当の（もの）」を指すラテン語 realis の中性複数形です。このことばは、一般に教育の補助として使われる「本当の物」全般を指しますが、特にその「本当の物」に含まれている情報に注目して利用するときには「生教材」と言って区別することがあります。この本では「本当の物」に含まれている情報も利用しますので、「レアリア・生教材」という用語を使うことにします。

★「レアリア・生教材」の有効性

「レアリア・生教材」を利用することには多くの意義があります。まず「レアリア・生教材」は、そのことばが使われている現実の社会のものですから、当然そのものに含まれている文化やその国の事情を伝えることができます。また、ロールプレイなどでの利用では、より臨場感を持たせることができ、現実との接点を持たせることができます。さらに、ことばへの興味はそのことばが使われている国やその国の文化、人、物への興味から生まれる場合が多くありますから、魅力的な「レアリア・生教材」の利用は、ことばへの興味を引き出したり、既にある興味を持続させたりする、いわゆる動機付けになります。例えば、日本のアニメや音楽、ファッションがことばへの興味を引き出している場合など、そうしたものを授業に取り入れることでさらに授業の効果を高めることができるでしょう。

1900年代後半以降、言語教育の世界では、コミュニカティブな教え方を重視する方向に変化してきました。日本語教育の分野でも、学習者を中心に考え、文法や文型の正確さよりも話すことの目的や伝える内容の重視、ことばの形よりもその形が表す意味を重視する方向へとことばの教育に対する考え方が変化してきています。そうした状況の中で、目標言語が話される現実の社会で使われている「物」を授業に取り入れたいという教師の希望は高まっています。しかし実際には、学習者のレベル、授業の効率化、準備の煩雑さなど、難しい問題が多く、うまく利用することができないという声も聞かれます。この本がきっかけとなり、こうした悩みを解決し、「レアリア・生教材」を気楽に楽しく利用する一助となれば幸いです。そして、毎日の授業をより生き生きとしたものにしてください。

ここで紹介するアイデアの多くは、国際交流基金日本語国際センターで、1989年開設以来実施してきたさまざまな研修の中で生まれ、使われてきたものです。これから日本語を教える予定の方、日本語を教え始めた方から日本語教育の経験が豊富な方まで、さまざまな方に読んでいただきたいと思っています。また、「レアリア・生教材」は特に日本国外の学習者にとっては目に触れる機会の少ないものですから、貴重でより有効な教材となります。海外で教えている方、あるいはこれから海外に出て教えようとする方には、特にそうした海外での効果も念頭において読んでいただければ幸いです。

なお、「レアリア・生教材」の利用の際には、著作権、肖像権に十分留意してご利用ください。

2006年6月

執筆者一同

この本の内容と構成

「物」を中心に分類

ことばを教えるとき、本来は、まずことばを使って何ができるようにしたいかを考え、そうした目標を達成するためにどのような項目を教えなければならないのかを考えます。そしてその項目を教えるために、どのような教え方でどのような教材を使えばより有効に教えられるのかと考えます。しかし時には、教材になる「レアリア・生教材」のことを先に、つまりその物を授業の中でうまく生かせないだろうかと考える場合もあります。地域のボランティア講座などで日常生活に直結した日本語を教えている場合や、逆に日本から遠く離れた国で、学習者が日本の「物」（日本のアニメのキャラクター、音楽、ファッションなど）に強い興味を示しているときなど、さまざまな状況で考えることがあるのではないでしょうか。この本では、「これを授業で使ってみたい」といった「物」のもつ魅力の面から生まれた発想やアイデアを「物」を中心に分類し、紹介しています。

「物」の使い方は教師の工夫次第

この本では、「レアリア・生教材」をレベル別に並べてはいません。現実の社会に存在するものを、生の素材として学習に活用するのですから、「初級レベル用のレアリア・生教材」、「中級レベル用のレアリア・生教材」というものは存在しないからです。この本では、１つの「物」を初級ではどう使うか、中級ではどう使うか、といった「レベルによる使い方の違い」を中心に紹介しています。しかし、実際には学習者のレベルは連続的であり、そのレベルを把握しているのは教師の皆さんです。ですから、この本では大まかなレベルを提示し、この本を読んでいる教師の皆さんの判断に任せたいと思っています。

生の素材に含まれる日本語の情報の全てを、初級のレベルから理解できるわけではありません。初級レベルで利用しやすいのは、日本語の情報が少なく語彙レベルが高くないものであることは確かです。しかし、初級レベルの学習者でも、初級レベルなりにできることがあるはずです。たとえ難しい部分がたくさんあっても、学習の合間に生の素材に触れることで、学習への意欲を持続させるきっかけを得ることもできます。１つの生の素材を自分の学習者のレベルに合わせて利用することを考えてみてください。

加工しないことが前提

「レアリア・生教材」を学習者のレベルに合わせて一部変更したり、難しい部分を取り除いたり、いわゆる加工して使用することがあります。クラスでの学習の効率化のためにはそうした方法をとることも必要な場合がありますが、実際には生の素材の良さがほとんど失われてしまったり、著作権の問題があったりと難しい場合も多いでしょう。この本では、できるだけそのままの形での利用法を紹介しています。

目次

1．食品のパッケージ

日常生活で何気なく目にしているお菓子の箱や袋、飲み物のペットボトルや缶など食品のパッケージには、購買意欲をそそる商品名や宣伝文句、消費者にとって大切な情報（リサイクル、健康に配慮した情報）など、授業で生かせる情報が実はたくさんある。利用法を考えてみよう。

商品名の意味や由来を考えて発表する

＜初級＞ ～ ＜上級＞

Step 1

商品名が個性的な食品のパッケージを集めておく。

＜例＞

①擬音語・擬態語
「ぷぷるんマスカット」「のどにすっきり」「しゅわぷっちょ」

②動詞のことば遊び
「もぎもぎフルーツ　グミ」「かむかむレモン」

③口語表現
「おっとっと」「お〜いお茶」「特選　甘栗むいちゃいました」

④英語に訳せば普通だが、日本語だとユニークに感じるもの
「キリン　あついお茶」「キリン　午後の紅茶　ロイヤル」

⑤名前から中身を想像するのが楽しいもの
「きのこの山」「たけのこの里」「十六茶」「コアラのマーチ」「まるごと野菜　完熟トマトのミネストローネ」「ゼロ」「カラムーチョ」「小枝」「パイの実」「雪見だいふく」「ハイチュウ」

Step 2

学習者をペアかグループにしてパッケージを配る。

↓

Step 3

各ペアあるいはグループで、商品名の意味や、なぜその名前にしたかを考えさせ、発表させる。

↓

Step 4

＜中級～＞（Step 1～Step 3 に加えて）

日本と学習者の国の商品名のつけ方の違いなどについてディスカッションさせる。

リサイクルマークの意味を知る

＜初級＞ ～ ＜上級＞

Step 1

リサイクルに関するマークと意味を確認する。できるだけ学習者から挙げさせる。海外で教える場合は、まず現地のリサイクルのマークを書かせるなどしてから、日本の同じような例を教える。

↓

Step 2

リサイクルのマークが入っている食品のパッケージを配り、どこにどんなマークがあるか探させ、意味を考えさせる。マークの周辺の文もレベルに応じて読ませる。

PET

＜リサイクルに関する文の例＞

・のんだあとはリサイクル
・あき缶はすてないようご協力ください

↓

Step 3

＜中級～＞（Step 1 Step 2 に加えて）

リサイクルの問題について、学習者の国の場合を説明させ、日本の場合と比較させる。

健康に関することばの意味を説明する

＜中級＞ ～ ＜上級＞

Step 1

健康志向を強く意識した食品のパッケージを集めておく。

Step 2

学習者をペアかグループにしてパッケージを配る。

Step 3

各ペアあるいはグループは、それぞれのパッケージに書かれている健康に関することばを探す。

↓

Step 4

それぞれ探したことばを発表し、ことばの意味を説明する。

＜健康に関することばの例＞

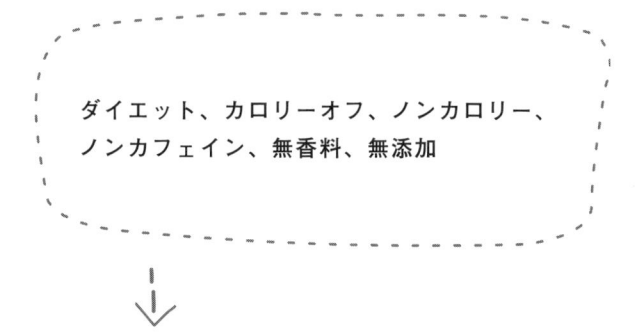

ダイエット、カロリーオフ、ノンカロリー、ノンカフェイン、無香料、無添加

↓

Step 5

＜中級後半～＞（Step 1～Step 4 に加えて）

食品パッケージの裏面の成分表からカロリーやビタミンを読み取らせ、ほかのグループの食品と比べさせる。

↓

Step 6

ペアあるいはグループごとにそれぞれの食品の特徴を述べ、みんなに勧めることばを言う。セールスマンになったつもりで宣伝するロールプレイにしてもよい。

発話例

このお茶には16種類のお茶の葉が入っています。無香料で自然の味です。とても体に優しいお茶です。疲れている人はぜひ飲んでください。

Step 7

健康食品、健康ブームについてクラスでディスカッションする。学習者自身の国の事情や考え方なども比較して話をさせる。

これも使える

食品のパッケージだけでなく洗剤など日用品のパッケージにも「使い方」や「注意事項」など、利用できるさまざまな情報がある。

2．チケットの半券

コンサート、演劇、映画などの鑑賞券、スポーツの観戦券、美術館、博物館、歴史的な建物、遊園地、水族館、動物園などの入場券。こうしたチケットには日時や内容など、さまざまな情報が書かれている。使い終わったあとのチケットの半券を授業で利用してみよう。

観劇などに友達を誘う

＜初級＞ ～ ＜中級＞

Step 1

遊園地、映画館、水族館、スポーツ観戦などのチケットの半券を取っておく。同じ場所のものが２枚以上あればなおよい。

↓

Step 2

チケットに書かれている内容を読ませ、理解を確認する。例えば芝居のチケットの場合、芝居のタイトル、会場、日時、出演者、開演時間、座席など必要な情報が読み取れるか確認する。

↓

Step 3

学習者はペアかグループになり、「誘う人」と「誘われる人」を決める。

Step 4

「誘う人」がチケットの半券を持ち、ロールプレイをする。

発話例

＜初級＞

A：あのう、日曜日、暇ですか。

B：日曜日ですか。空いていますよ。

A：ディズニーランドのチケットが２枚あるんですけど、一緒に行きませんか。

B：わぁ、ありがとうございます。

発話例

＜初級後半～＞

A：あのう、映画、好きですか。

B：映画ですか。はい。

A：実は、このチケット、２枚もらったんですけど、一緒にいかがですか。

B：あ、×××の券ですね。見たかったんです。ありがとうございます。いつにしましょうか……。

A：今度の土曜日はいかがですか。

B：土曜日ですか。ええと、土曜日は……ちょっと……。先約があるんです。すみません。

A：じゃ、日曜日は？

B：日曜日ならいいです。じゃあ、日曜日に。

COLUMN 1

本物を使うことには２つの意味がある

あるマレーシア人の日本語教師が研修に参加し、本物のチケットの半券を使ったロールプレイを体験した。彼にとっては初めての経験だったらしく、ロールプレイのあとで興奮したようすで「これはいい」と言う。「本物のチケットが出てきたので、思わず本当に行きたいという気持ちになりました。現実に近い気持ちで会話ができました」と嬉しそうに語ってくれた。そこでわたしは「マレーシアに帰って授業をするときにも本物のチケットを使ってみますか」と尋ねると、「はい。ロールプレイではできるだけ本物を使いたいと思いました」と語った。「じゃあ、これを差し上げます」と、ロールプレイで使ったチケットの半券をあげようとすると、彼は「いいえ、けっこうです。マレーシアではマレーシアのチケットを使いますから」と言う。確かにそうである。マレーシアで友達をコンサートに誘うとき日本のチケットを使ってもしかたがない。海外で「レアリア・生教材」を使う場合、日本的な要素や日本事情を伝えたい、あるいはそのものに含まれている日本語の情報を読ませたいと考えるのであれば日本のものが必要だが、臨場感のあるロールプレイをするために本物を使いたいのであれば、むしろ現地で使っている「レアリア・生教材」ほうがよい場合もあることに改めて気づかされた。

3. 薬の箱や袋

薬の箱や袋の情報は、体の部分の名称や症状などに漢字が多く使われているので、教師も学習者も難しすぎると敬遠しがち。しかし少しでも読めると役に立つことが多い。キーワードとして一部の漢字を拾い読みしたり、既習の漢字から意味を推測したり、ゲーム感覚で楽しく内容や意味を理解する活動を取り入れてみよう。

薬の説明をする

＜中級＞ ～ ＜上級＞

Step 1

教師は、飲み薬や塗り薬の箱や袋を集めておく。いろいろな種類のものを用意しておくとよい。箱や袋の効能・用法が書かれている部分を拡大して、ワークシートとして人数分用意しておく。

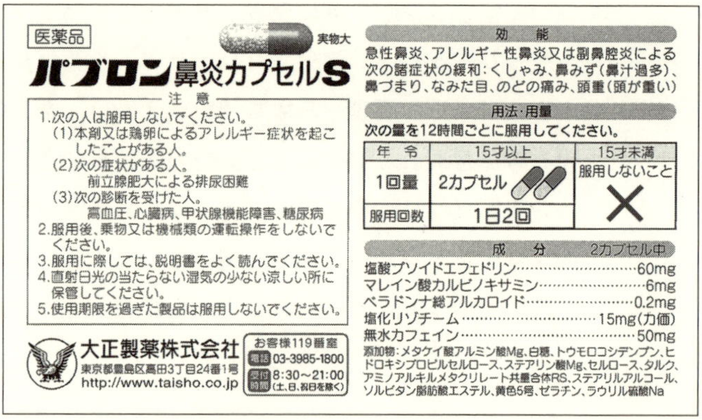

Step 2

教師は学習者のレベルに合わせ、体の部分や症状に関することばを導入、あるいは確認する。

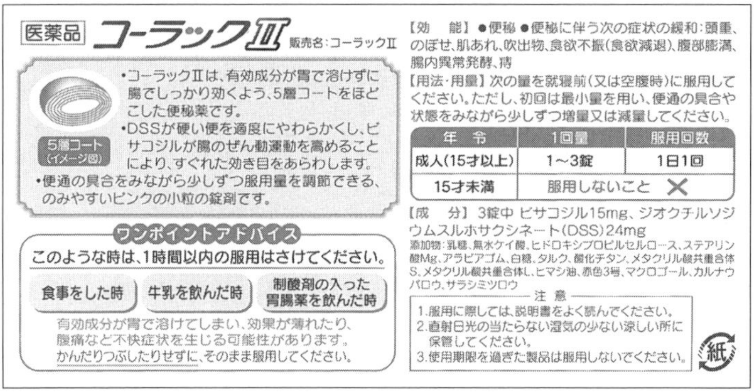

＜例＞

体の部分：頭、のど、鼻、腰、腸、胃
症状：痛み、疲れ、発熱、鼻炎、くしゃみ

Step 1のワークシートを配って、導入したことばに丸をつけさせる。

↓

Step 3

教師は学習者を少人数のグループに分けて、グループごとに１つずつ薬の箱（できるだけ中身の入ったままのもの）を配る。

↓

Step 4

教師は各グループに、箱のどこに効能や用法が書いてあるか見付けさせる。それから配られた箱がStep 1のワークシートの中のどれかを探させる。

↓

Step 5

教師は各グループで、箱の効能・用法・用量の部分の内容を確認させる。Step 2では、語彙レベルを学習しただけなので、ここでは文全体の意味が理解できているかを確認する。

＜例＞

・１日３回食前または食間に服用
・かまずにゆっくり溶かして服用してください。
・次の人は服用しないでください。

Step 6

グループの代表が、Step 3で配られた薬について分かったこと、薬の箱や、中の薬そのものを見た感想などを発表する。

発話例

この薬は急性鼻炎、アレルギー性鼻炎、くしゃみ、鼻水、鼻づまり、涙目、のどの痛みがあるとき、頭が重いときに飲むと効果があります。15歳以上の人は、1日に2回2カプセル飲みます。小さなカプセルですし、においはありませんから飲みやすいと思います。

これも使える

- 市販の薬だけでなく、病院で処方箋をもらって薬局で買う薬の袋には飲み方に関する必要な情報がはっきり書いてある場合が多い。そうした袋も利用するとよい。

4. メニュー

喫茶店やレストランなど、写真付きできれいなメニューは、見やすいだけでなく、学習者の興味を引き付ける。海外で教える場合は特に、学習者は日本人がどんなものを食べているのか興味津々である。飲食店の場面での会話など、本物のメニューを使って臨場感のある練習をしてみよう。

英語とカタカナ語の違いを知る

＜初級＞

＜英語が理解できる学習者＞

Step 1

写真のついたメニューを入手する。飲み物や洋食など、カタカナの多いものがよい。

↓

Step 2

カタカナだけで表記されたメニューの中から、英語に由来するものをカードの上半分に英語で表記する。不自然な英語になってしまってもよい。

＜例＞

hot coffee
green salad
hamburger

↓

Step 3

学習者を数人のグループに分け、それぞれのグループにメニューと準備したカードを渡す。

Step 4

学習者はカードに書かれた英語を見ながら、どのメニューか探し、カードの下半分にメニューの名前をカタカナで書く。

Step 5

学習者にカードのカタカナを言わせる。英語のような発音にならないように、日本語としての発音をするように注意する。

Step 6

カードになかったメニューを英語で書くとどうなるか考えさせる。

一口メモ

・メニューの種類や配るカードの枚数、種類は、クラスの人数やレベルなどによって適宜調整する。

・異文化理解の観点から、洋食が日本の食文化にどのように入っているのか、英語などの外国語が日本語にどのように取り入れられているのかなど、考えさせるきっかけにするとよい。

レストランで注文する

＜初級＞ ～ ＜中級＞

Step 1

クラスでメニューを見せて料理の名前を確認する。学習者のレベルに応じて、かなだけで表記されたものを読ませるか、漢字を含むものも読ませるか判断する。

↓

Step 2

飲食店での注文場面のロールプレイをペアで練習させる。

会話例

客：　すみません。

店員：はい。

客：　ツナサラダと和風ハンバーグステーキとライス、お願いします。

店員：ツナサラダと和風ハンバーグステーキとライスですね。

↓

Step 3

ロールプレイを全員の前で１組ずつ発表する。

一口メモ

・メニューはなるべく内容が複雑ではなく、シンプルなもののほうが使いやすい。

これも使える

・宅配のピザや弁当などのメニューを使って、電話で注文するロールプレイをすることもできる。

・メニューが手に入らないときは、ファミリーレストランやファーストフード店などのホームページに公開されている情報を参考にすることもできる。

COLUMN 2

「レアリア・生教材」への学習者の興味を大切に

実際に使われている居酒屋のメニューを用意して、メニューの料理の内容について考えさせようとしたところ、実際にその店に行く話し合いが始まってしまったことがある。また、ディズニーランドツアーのパンフレットを配り、ツアーの特徴について読み取らせようとしたところ、ディズニーランドへの行き方を確認することに全員が夢中になってしまったこともある。このように、「レアリア・生教材」に予想以上に学習者が強い興味を示したり、予定外の内容に興味が集まって、関係のない質問が続き、授業がうまく進まなかったりすることもある。

しかし、これはむしろ嬉しいことではないだろうか。日本への強い興味の現れであり、そのチャンスをうまく生かすことを考えてみてはどうだろうか。学習者のほとんどがディズニーランドへ行きたいのであれば、まずその行き方を調べさせ、次にツアーの内容をパンフレットから読み取らせてから、自分で行くのとではどちらが効率的で、また経済的かを比較させてもよい。臨機応変に授業の内容を変えることは難しいことかもしれないが、レアリア・生教材を使ったからこそ生まれた日本や日本語への興味を大切にすることも忘れないようにしたい。

5. 折込広告やチラシ

毎日の新聞に折り込まれるたくさんのチラシやダイレクトメールなども、授業を活性化させる大切な教材になる。特に日本で生活する外国人にとっては、地元に密着した現実的な教材となり、学習内容をすぐに生活に生かすことができる。

スーパーのチラシで情報交換する

＜初級後半＞～＜中級＞

Step 1

２つの異なる店のチラシを準備する。初級の学習者には、できるだけ品物と値段が分かりやすいチラシを選ぶ。

↓

Step 2

学習者をペアにし、それぞれに異なる店のチラシを渡す。

↓

Step 3

学習者のペアは、互いに後ろを向いて座り、電話でスーパーの情報を交換する会話をする。初級前半では、扱う品物を教師が指定し、情報差（インフォメーションギャップ）を利用して値段を尋ね合うだけの練習でもよい。初級後半以降では、一緒に買い物に行く状況を設定した実生活に近い場面の会話をさせる。

発話例

＜初級後半＞

A：もしもし、Bさんですか。

B：はい、Bです。

A：今から車でスーパーに買い物に行くんですが、一緒に行きませんか。

B：ありがとうございます。どこのスーパーに行きますか。

A：クボスーパーに行こうと思います。チラシを持っていますが、お米が安いんです。

B：クボスーパーでは、お米はいくらですか。

A：ええと……5キロ1,800円です。

B：わたしは山本スーパーのチラシを持っていますが、山本スーパーでは、お米は1,650円ですよ。山本スーパーのほうがもっと安いですね。

A：そうですね。じゃ、トイレットペーパーはいくらですか。

B：トイレットペーパーは198円です。

A：クボスーパーでは210円ですから、トイレットペーパーも山本スーパーのほうが安いですね。じゃ、山本スーパーに行きましょう。

一口メモ

・スーパーだけでなく、学習者が実際に買い物に行きそうな電気店、ホームセンター、洋品店などのチラシを使う。

・入門期の学習者には、品物の名前を覚えたり、数え方、値段の言い方などの練習をすることに利用してもよい。

＜初級＞ ～ ＜上級＞

マンション、車、電気製品などの広告を見て内容を比較する

Step 1

同じ種類の、価格や仕様の異なる製品の広告を複数用意する。

↓

Step 2

広告の中で、どちら、またはどの商品が気に入ったかを学習者に答えさせる。

↓

Step 3

その商品を選んだ理由も簡単に答えさせる。例えばマンションなら、価格、広さ、便利さ、環境など。車なら大きさや乗車人数、電気製品なら簡単な性能。

求人広告を利用して、希望の仕事について話す

＜中級＞ ～ ＜上級＞

Step 1

学習者をペアにして、仕事やアルバイトを紹介する機関の職員と求職者の役にする。

↓

Step 2

教師は比較的文字の見やすい求人広告を、職種別にいくつか用意し、その中の会社名と職種だけを書き出したリストを作る。

↓

Step 3

求人広告を職員役の学習者に持たせ、リストを机の上に置く。

↓

Step 4

求職者役の学習者は、リストを見て希望する仕事やアルバイトを複数選び、それについて職員役の学習者に条件を尋ねる(時給、曜日、制服の有無、保険など)。

発話例

求職者：あのう、この仕事について伺いたいんですが。

職員：　どれですか。あ、A－1ですね。はい、どうぞ。

求職者：ええと……時給はいくらですか。

職員：　夜10時までは750円、10時からは850円です。

求職者：1週間に何日、働かなければなりませんか。

これも使える

宅配のチラシを使って注文の会話をする、デパートの広告やフロアマップで場所を尋ねる、カルチャーセンターやスポーツクラブの部屋の案内図で行きたい場所を尋ねる練習をするなど、チラシによってさまざまな使い方ができる。

6. 雑誌の広告のページ

雑誌の広告のページは写真やイラストが豊富に使われ、美しいものが多い。そうした広告のページを利用することで、文字情報への興味も引き出すことができる。また人は広告の細かい文字情報を読む前に、印象的な写真や短いキャッチフレーズを見て内容を類推する。そうした実際に広告を読むときのプロセスを授業にも取り入れてみよう。

写真を見て内容を想像して話す

＜初級＞ ～ ＜中級＞

Step 1

教師は、右の広告のような、写真が印象的で広告紙面の大半を占めるようなものを選ぶ。

↓

Step 2

教師は、広告の文字情報の部分を隠し、学習者に写真の部分だけを見せる。

↓

Step 3

学習者は写真の部分だけを見て、何の写真か想像し、発表する。

発話例

＜初級＞
ご飯の写真です。
お米の広告だと思います。

＜中級＞
おかゆの写真です。とてもおいしそうで、食器もきれいだから、レストランの広告だと思います。

Step 4

教師は広告の隠していた部分を見せて、何の広告が理解させ、自分の想像と合っていたかどうか確認させる。初級の場合は教師が簡単に説明して答えを言う。

一口メモ

・選ぶ広告の写真は、切り口が斬新なものや、日本的な要素の強いものを選ぶと、楽しい活動になる。

・写真の部分だけを見せることが難しい場合もある。その場合、簡単なキャッチフレーズぐらいは見えてもよいが、商品名など簡単に内容が分かってしまうものは隠すようにする。

COLUMN 3

生ものはそのままの状態であることに価値がある

ファッション雑誌を数ページ切り取って授業で使ったことがある。学習者をペアにして各ペアにそのページを１枚ずつ渡し、そのページに写っている服装について説明させたり、自分の好みについて話をさせたりした。活動が終わったあとで学習者の１人が「これはどんな雑誌のページですか。とても素敵なファッションが載っていたので、ほかのページも見たいのですが…」と尋ねてきた。「今度持って来ますよ」と言うと、他の学習者も一斉に「わたしも見たい」と言い出した。ページを切り取ったほうが持ち運びも便利だし、学習者も見やすいのではないかと思っていた。そして何よりも、授業で配布するものは一枚の紙のような形状のものという固定されたイメージがどこかにあったような気がする。しかし、これはいつもの授業のプリントではなく、生教材である。なぜ最初から雑誌を１冊ずつ渡し、ページをめくるところからしなかったのだろう。そのまま見せることに価値があることを忘れていた。

キャッチフレーズから広告の内容を読み取り発表する

＜初級後半＞～＜上級＞

Step 1

教師はできるだけキャッチフレーズが短く斬新な広告を選ぶ。

↓

Step 2

学習者をペアかグループにして、見る広告を指定する。すべて違う広告でかまわない。

↓

Step 3

学習者は、まず写真とキャッチフレーズから何の広告か想像し発表する。

↓

Step 4

教師は学習者に下のような質問をし、広告の中から答えを探すように指示する。学習者はできるだけ辞書は使わずに広告全体をざっと読んで質問の答えを探す。３分、５分と時間制限をしてもよい。

＜質問例＞

＜初級後半〜中級＞

１）何の広告ですか。

２）この商品の会社名は何ですか。

３）この商品の値段はいくらですか。

＜中級以上＞

（１）〜３）の質問に加えて）

４）この商品のセールスポイントは何ですか。

５）この商品を買いたいと思いますか。それはなぜですか。

Step 5

学習者は答えを発表する。

Step 6

教師は学習者に再び全体を読ませる。今度は辞書を引きながらゆっくり読ませる。

Step 7

教師は学習者に広告の内容やそこに含まれているメッセージを発表させる。さらに自分の国の事情と比較させたりディスカッションに発展させてもよい。

＜ディスカッションテーマの例＞

日本人の食生活、無添加食品、健康食品、ダイエット、節電、ファジー、携帯電話の割引システム

一口メモ

・Step 6 Step 7は、レベルによって難しい場合は省略する。

・Step 3で読ませる前に、あらかじめキーワードを示して意味を確認しておく方法もある。例：便秘薬、インチ

COLUMN 4

学習者全員に同じ「物」をなんて、考えなくていい

ある日本語教師が同じ雑誌を10冊買ったことがある。なぜそんなことをするのかと尋ねると、「明日の授業でこの雑誌のここのページを使いたいんです。カラーでとてもきれいだし、全員にちゃんと見てほしいからしかたないんですよ。」と言う。果たしてそうだろうか。現実の社会で、周りにいる人10人が全員同じ雑誌を読んでいたという場面にめぐり合ったことがない。確かに通常の授業では全員に同じプリントを配り一斉に考えさせたり、答え合わせをしたりする。しかし「レアリア・生教材」を使うときも通常の授業と同じような形に無理やり合わせる必要があるだろうか。むしろ全員が違うものを見たり、数人のグループで一つのものを見たりするほうが自然ではないだろうか。そうすることで、他の人が見ている雑誌が気になって見せてもらったり、自分の見ているものが面白いので隣の人に教えてあげたりと、現実にあるような情報のやり取りが始まると思うのである。こうした自然に生まれる協働学習や、情報差を利用したことばのやり取りを有効に利用してみてはどうだろうか。「レアリア・生教材」を使うときは不自然な状況を作らず、自然にいこう。

7. 路線図

日本に滞在する外国人のほとんどは、公共の交通機関を利用することになるだろう。路線図を使った活動を通して、日本の地名やその漢字になじみ、日本の路線図の見方や使い方を覚え、交通に関連した日本語の練習をすることができる。

地名を読む

＜初級＞

Step 1

教師は路線図を、駅名が漢字で書かれたものとローマ字で書かれたものの２種類用意する。１枚に両方の文字が書かれたものでもよい。

↓

Step 2

学習者は路線図を見ながらワークシートの漢字の駅名をひらがなで書く。

＜ワークシート例＞

大手町	日本橋	銀座	渋谷
新宿	原宿	六本木	品川

乗り換え案内をする

＜初級後半＞～＜中級＞

Step 1

教師と学習者で電車の乗り方に関連する語彙を確認する。

＜例＞

～に乗る、～で降りる、～から～に乗り換える、～から～まで、～線

Step 2

学習者に路線図を配る。

Step 3

教師が出発点と目的地の2か所の地名を言って、質問を出す。

Step 4

学習者は路線図を見ながら、行き方を説明する。

発話例

教師　：新宿から浅草まで、どうやって行きますか。

学習者：新宿で山手線に乗ります。上野まで行きます。上野で地下鉄銀座線に乗り換えます。浅草で降ります。

一口メモ

・海外で教える場合は、目的地にどんな観光名所や有名なものがあるのかも一緒に提示し、動機を高める。

・初級の学習者に行き方を説明させる場合、駅名を空欄にしたワークシートを用意してもよい。

・ある駅からある駅までの行き方や交通機関の利用手順を書いた文章を一文ずつカードにして配り、路線図を見ながらカードを並べ替えて正しい順番にするという活動もできる。

＜ワークシート例＞

______で「　　」線に乗ります。______まで行きます。______で「　　」線に乗り換えます。______で降ります。

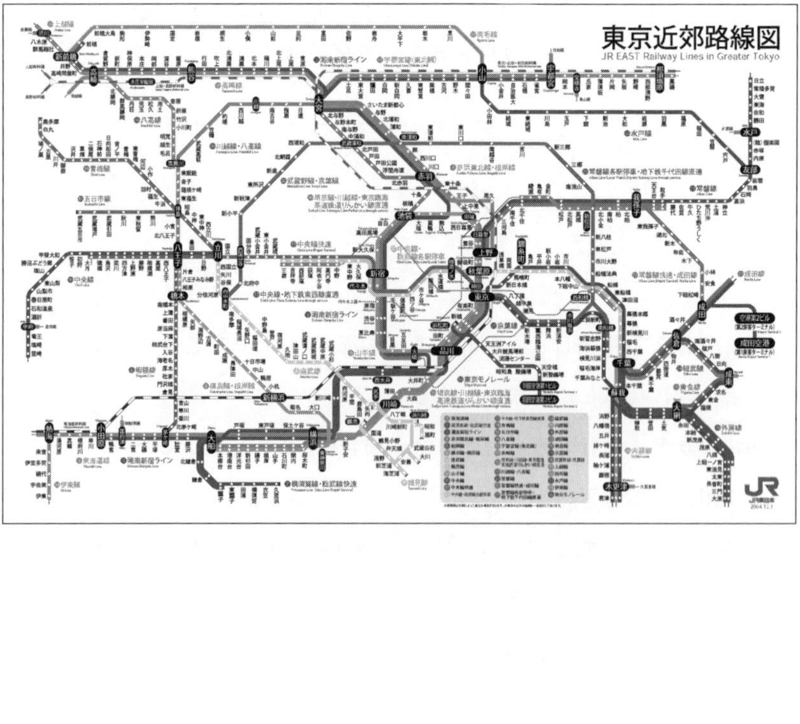

8. 自治体からのお知らせ

市役所などで出している「ごみの出し方」や「防災ガイド」は、イラスト付きのものが多く、初級の学習者にも分かりやすい。日本在住の学習者にとっては生活上必要な情報であるし、海外で教える場合でも日本の生活を知る手がかりにもなるため、いい教材になる。

ごみの分別について話す

＜初級＞

Step 1

ごみの出し方の表と、ごみの絵を描いた紙、ごみの分別の種類を書いたビニール袋をセットにして用意しておく。

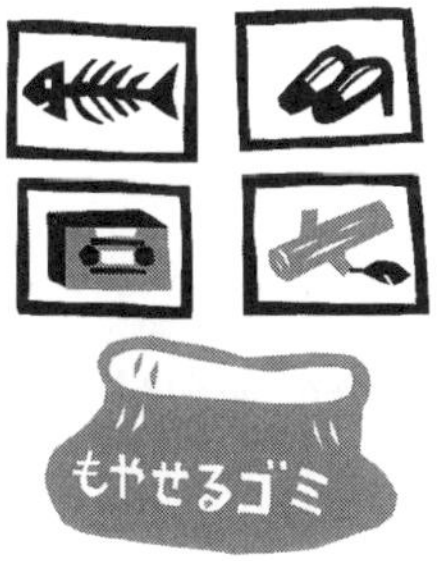

Step 2

ごみの出し方の表に従い、ごみの分別の種類を紹介する。語彙が難しい場合は、「燃えるごみ、燃えないごみ、リサイクルするごみ、大きいごみ」などと言い換える。

Step 3

例えば、ペットボトルがごみとして出される場合は、何に分類されるか、収集日がいつかを確認し、表の見方を理解させる。

Step 4

クラスをグループに分けて、Step 1のセットをグループに1セットずつ配る。

Step 5

学習者は、ごみの出し方の表を見ながらごみが描かれた紙をビニール袋に分別して入れる。

Step 6

クラスで確認する。

発表例

教師：　月曜日には何を出しますか。

学習者：燃えるごみを出します。食べ物と靴とビデオテープを捨てます。

一口メモ

・ごみの絵を描いた紙などを準備する時間がないときは、ごみの分別の種類、収集日を記入させるリストを作り、それに記入させる方法でもよい。

・ごみを減らすためにどんなことができるか、環境を守るためにどんなことができるか話し合ってもよい。

地震への備えを知る

＜初級＞ ～ ＜中級＞

Step 1

教師は防災ガイドを基に、地震が起こったときにすること、してはいけないことの○×クイズを作っておく。

＜クイズ例＞

1）急いで外に出る。
2）すぐにドアを閉める。
3）大きくて丈夫な家具につかまる。
4）高いビルで地震が起きたら、窓のそばから離れる。
5）海の近くにいるとき地震が起きたら、高いところへ逃げる。
6）車を持っていたら、車に乗って公園へ逃げる。
7）周りの人の話をよく聞いて、情報を得る。

Step 2

Step 1 のクイズを黒板に書き、クラスでやってみる。このとき正答は与えない。

Step 3

学習者に防災ガイドを渡し、クイズの答えや理由を探させて発表させる。

Step 4

教師とクラス全員で答えを確認する。

Step 5

日頃から災害に備えてどんなことをしておくといいか、紙に書かせる。必要な語彙は適宜与える。

＜例＞

水を準備しておきます。
家具が倒れないようにしておきます。
家族と話し合って、逃げる場所を決めておきます。

↓

Step 6

紙を集めて添削する。

一口メモ

・＜クイズ例＞の答え：1）× 2）× 3）× 4）○ 5）○ 6）× 7）×

・防災ガイドは、自治体や関係団体のウェブサイトにもあるので、この情報を参考にすることもできる。

・子供向けの防災パンフレットは、イラストが多く、ことばも簡潔なので分かりやすい。

COLUMN 5

生ものはため込まない

日本語教師の職業病のひとつに、「接する物すべてを実物教材として見てしまう」というものがある。特に海外で教えていて、たまに日本に帰国したときなど、この時とばかりについ必死になってしまう。駅に行けば路線図を10枚単位でごっそりと取り、旅行会社に行けば日本のあらゆる地方へのツアーパンフレットを集めて持ち帰る。居酒屋に行けば「すみません、このメニューいただけませんか」と聞き、テレビを見ていても「しまった、この番組ビデオに撮っておけばよかった」と思う。お菓子を食べてもその袋や箱が捨てられない。こうした心がけは決して悪いことではなく、むしろ大事なことかもしれない。

ただ、こうしてわざわざ持ち帰った「教材」も、実際にはなかなか使う機会が来ない場合も多い。家では家族から「いいかげんにそのごみ捨てたら？」などと言われてしまう。レアリア、つまり、生のものは時間が経つと古くなる。新しいうちにすぐに使うことに価値がある。だからこそ多少使い方に迷いがあっても、すぐに使ってすぐに捨てるぐらいの思い切りのよさが必要だ。「集める」ことが目的でなく、「使う」ことが目的なのだから、生ものは古くなる前にどんどん使ってみよう。

9. 旅行パンフレット

日本に住む学習者にとっても海外に住む学習者にとっても、日本を旅行することは日本語学習の大きな動機のひとつであろう。観光地の美しい写真の載ったパンフレットを使ったり、これを基に旅行の計画を立てたりすれば、楽しく日本語を練習することができる。

観光地の写真を見て描写する

＜初級＞ ～ ＜中級＞

Step 1

観光地の大きい写真が掲載されている旅行パンフレットを複数用意する。異なる雰囲気のものを集めるとよい。

2012年9月現在

Step 2

学習者にパンフレットの写真の部分を見せる。

Step 3

「30秒」「1分」などの時間を決めて、学習者にその風景を描写する日本語を、時間内にできるだけたくさん書かせる。

＜例：沖縄の写真＞

きれい、明るい、広い、海が青い、魚が多い、にぎやか、おいしそう、きれいな着物、伝統的な建物、大きなホテル

Step 4

時間が来たら、ストップをかける。学習者に書いたことばを1つずつ発表させる。一番多く書けた人が勝ち。

ツアーを選ぶ

＜中級＞ ～ ＜上級＞

Step 1

団体旅行のパッケージツアーのパンフレットを２種類用意する。

Step 2

どこに注目して情報を取ればよいかが分かるような、簡単なタスクシートを用意し、学習者に配布する。

＜タスクシート例＞

「　　　　　」ツアー

行くところ	
泊まるところ	
食事	
お土産	
料金	

Step 3

教室の隅に、ＡとＢの２種類のパンフレットを置く。

↓

Step 4

クラスをＡとＢの２つのグループに分ける。

↓

Step 5

Ａグループのメンバーは Ａの、Ｂグループは Ｂのパンフレットを読んで情報を取り、タスクシートに記入する。

↓

Step 6

次に、ＡグループとＢグループのメンバー１人ずつからなる新しいペアを作る。

↓

Step 7

ペアで、自分が調べたツアーの情報を、
相手にそれぞれ教え合う。

↓

Step 8

同じペアで、もし一緒に行くとしたらどちらのツアーのほうがよいか決めさせる。

一口メモ

・個人でパンフレットから情報を取る単純な読解の活動にしてもよい。
・「旅行会社の窓口」と「申し込む人」というロールプレイにしてもよい。

10. 贈り物のパンフレットやカタログ

お中元、お歳暮、クリスマスプレゼントなど、デパートやスーパー、商店などでは、商品のパンフレットやカタログを作り、配布することが多い。商品の写真や特徴、値段などがコンパクトにまとめられ、初級のレベルでもある程度理解することができる。また、日本の贈答文化について考えるきっかけにもなる。利用法を考えてみよう。

＜初級後半＞～＜上級＞

お中元やお歳暮の習慣について学び、その疑似体験をする

Step 1

お中元やお歳暮のパンフレットやカタログを用意する。学習者のレベルによっては漢字が難しい場合があるので、あらかじめ語彙リストを作っておいてもよい。

↓

Step 2

パンフレットやカタログを見る前に、学習者に贈り物について尋ね、知識を確認する。

＜例＞

日本ではどのような贈り物の習慣があるか知っているか。学習者の国ではどのような贈り物の習慣があるか。

Step 3

学習者の知識に合わせて、日本のお中元やお歳暮の習慣について、どんな人にどのような物をいつ贈るのかなど説明する。

Step 4

学習者に、贈る相手と予算を決めさせる。贈り先を決められない場合は、教師を贈り先に仮定して活動を行う。学習者をペアにして考えさせてもよい。

Step 5

パンフレット、あるいはカタログを配り、実際に何を送るか品物を決めさせる。贈る相手のことをよく考えて品物や予算を考えさせる。次のようなワークシートに必要なことを書き込ませてもよい。

<ワークシート例>

贈る相手	予算	品物	理由

Step 6

最後に、だれに何を贈るか、またその理由は何か発表させる。

発表例

リーさんとわたしは田中先生にお中元を贈ります。田中先生はワインが好きなので「甲州高級ワインセット（2本入り）」を贈りたいと思います。

一口メモ

・日本では、ハムなどの食品や石鹸、洗剤などの製品をお中元やお歳暮として贈ることが多いが、送る品物が学習者の国の習慣とは異なる場合があるので、その点について説明したり、感想を聞くとよい。あらかじめインターネットなどで日本の人気お歳暮ベスト10などの記事を調べておき、紹介するのもよい。

これも使える

・雑誌や新聞などでもお中元、お歳暮のシーズンにはいろいろな商品リストが載ることがあるので同様に利用できる。

・クリスマスシーズンのクリスマスケーキのパンフレットや、バレンタインシーズンのチョコレートギフトのパンフレットなどで、同様の活動ができる。

COLUMN 6

現場を見に行くことも楽しい

お中元のパンフレットを使って、仮想の贈り先と贈り物を決める活動をしたことがある。ある学習者がお菓子を贈ろうと思ったが、実際の大きさが分からないので、２つのお菓子のどちらにすべきか迷っていた。そのパンフレットは近くの大きなスーパーのものだったので、その日、実際にそのスーパーに行き、確認してくることを宿題にした。翌日その学習者は、別のお菓子を贈り物にすることに決めたと報告した。理由を尋ねると、そのお菓子はとてもおいしそうな匂いがしたそうだ。実際に贈り物を確認したことで満足感もひとしおだったようである。日本で学習している学習者の場合ならば、こうした実際の行動をともなった活動にするとより現実的で効果的であろう。また、活動のあとで実際にデパートやスーパーに行って、選んだ物がどのようなものか見に行くのも楽しい。実際の物を見て、カタログとどのようなところが違っていたのかを話すことで、表現力も豊かになるであろう。

現場を見に行くことは楽しく、また有意義である。例えば、スーパーでは、同じ野菜の数え方でも、昨日は１山 300 円だったのが、今日は１袋 250 円だったりする。

ほかにも１束、１パックと実は想像以上にさまざまな単位を使っている。また、教科書では「じゃがいも」と教えても、実際にスーパーへ行き、じゃがいもらしき物を見ると、「北海道産馬鈴薯」「メークイン」「新じゃがいも」など、さまざまな名前がプレートに書かれているだろう。どれが教室で習った「じゃがいも」なのか困惑してしまう学習者もいるに違いない。ためしに宿題で「スーパーへ行き、次の５つの野菜の値段を調べてきなさい。じゃがいも、キャベツ、にんじん、トマト、大根」という課題を出してみてほしい。たかが値段を調べてくるだけと考えていた学習者のメモはたぶんさまざまな疑問や質問でいっぱいになっているはずである。日本で学習している場合には、そんな活動も時には取り入れてみよう。

11. 占いの記事

「読む」活動をする場合、興味を持っている題材を扱うことが学習者の大きな動機付けになる。例えば占いに興味のある学習者が多い場合、占いの記事を利用するとよい。自分に関係する占いの記述を探し、読めたときの達成感は大きい。ここでは雑誌に掲載された占いの記事の利用法を考えよう。

＜初級後半＞～＜上級＞

自分の星座の占いの記述を読んで理解する

Step 1

教師は次のような星座占いのページを探し、学習者に見せる。

↓

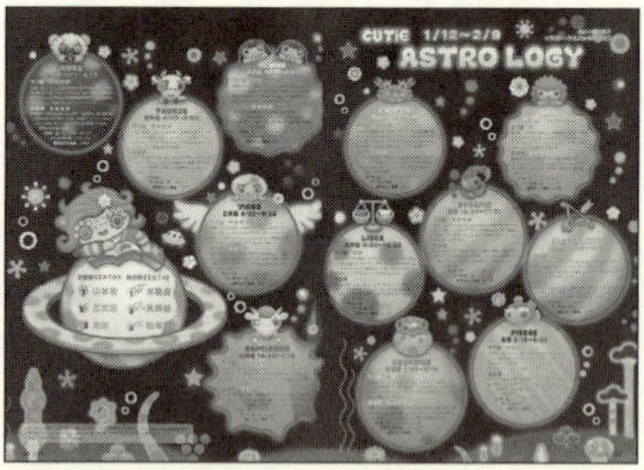

『CUTiE 2006年2月号』宝島社

Step 2

教師は学習者に誕生日を言わせ、自分が何座かを見付けさせる。

↓

Step 3

教師は学習者に大きな見出しや主な部分を読ませる。上級レベルの場合は、細かい説明まで読ませてもよい。

恋愛運 BEST★3	総合運 BEST★3
1　山羊座	1　水瓶座
2　乙女座	2　天秤座
3　魚座	3　牡羊座

Step 4

学習者に感想を言わせる。

Step 5

＜中級～＞（Step 1～Step 4 に加えて）

学習者自身が占いの文章を書く。人数が多い場合は、ペアやグループに１つの星座を割り振り、文章を書くようにさせる。できるだけよいことを書くように指示する。

Step 6

全員の前で発表する。

発表例

乙女座：友達と食事をすると良いことがあるでしょう。

一口メモ

・星座の名前は漢字が難しいが、漢字の好きな学習者や漢字圏の学習者には喜ばれることも多い。

・占いの好きな学習者の場合、自分の運勢を知りたいという強い動機付けがあると、難しい漢字も読めるようになる場合がある。学習者に合わせて、取り入れてみよう。

・占いの情報は、雑誌以外にも新聞やテレビ、インターネットなどから得ることができる。

これも使える

・血液型占いなどいろいろな占いが特集されるときがあるので、面白く分かりやすいものを選んで使うとよい。

12. ファッション雑誌

ファッション雑誌には、日本での最新流行の服装や小物が紹介されている。日本の流行を知りたいという希望を持つ学習者には動機付けになるだろう。最近では、男性向けの雑誌も多く創刊され、また多様な年齢層に合わせて編集されている。色や形の語彙、好みを述べるときの表現などをごく自然に使う機会にもなる。授業での利用法を考えてみよう。

ファッションのページを見て好みを述べたり、プレゼントを選んだりする

＜初級＞ ～ ＜中級＞

Step 1

写真のように「靴」「かばん」「スカート」など同じ種類のものを比べているようなページを探して学習者に見せる。

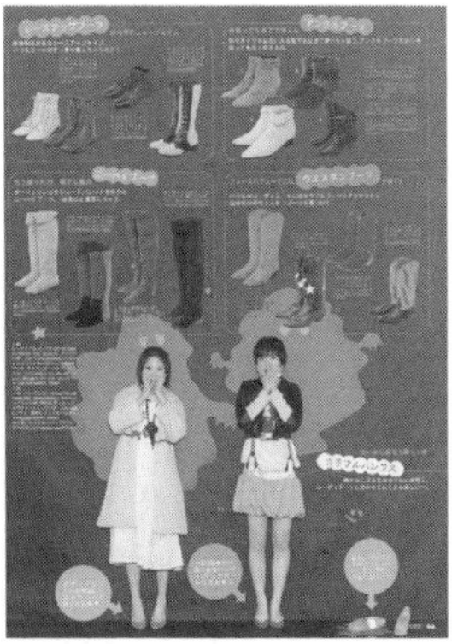

『CUTiE 2006年2月号』宝島社

Step 2

学習者はペア、あるいはグループになって色や形について話をする。

Step 3

学習者は自分が好きなものを１つ選び発表する。初級の場合は、色や形のどれが好きか表現できればよい。中級以上のレベルの場合は、それが好きな理由も説明させる。

『CUTiE 2006年２月号』
宝島社

発表例

＜初級＞

例１）わたしはこの赤いロングブーツが好きです。

例２）（雑誌の写真をほかの学習者に見せながら）この女の人は赤いスカートをはいています。白いブラウスを着ています。わたしはこのファッションが好きです。わたしもこの服が着たいです。この服が欲しいです。

＜初級後半～中級＞

わたしはこの白いショートブーツが好きです。デザインがかわいいし、はきやすそうだからです。白い靴は持っていないので欲しいと思っていました。

Step 4

学習者は、今度は自分の身近な人（親、兄弟、友人など）に誕生日プレゼントをするならどれを選ぶか考える。学習者はプレゼントするものについて、選んだ理由とともに発表する。

発表例

わたしはこの白い靴をAさんにプレゼントします。Aさんはよく白い服を着ているので、白い靴も似合うと思うからです。

一口メモ

・予算を与えて、その範囲内で好きな服の組み合わせを考えさせてもよい。

＜中級＞ ～ ＜上級＞

伝統的な服装の色や形、機能について説明したり比較したりする

Step 1

着物など伝統的な服装が載っているページを探しておく。

↓

Step 2

微妙な色合いや形の表現など着物に独特な語彙や表現を確認する。

＜語彙例＞

薄～（例：薄紫、薄茶色）、淡い～色、ぞうり、足袋、帯、帯締め、振袖、留袖、訪問着、紋付き、はかま

↓

Step 3

学習者をペアかグループに分け、着物の長所短所についてまとめさせ、発表させる。

Step 4

自分の国の伝統的な服装について、色や形、機能を説明させ、着物と比較して話をさせる。

COLUMN 7

「レアリア・生教材」さえ使えば、効果的か

「レアリア・生教材」を使いさえすれば、楽しく効果的な授業ができるのだろうか。例えば数の数え方を教えるときには、りんご、バナナ、みかんと本物の果物をかご一杯に用意し、ばらの花束を抱えてくる教師がいる。「〜を飲みます」「〜を食べます」の導入や練習のために缶ジュース、缶コーヒー、缶ビール、ワイン、お酒、パン、お菓子と、新幹線の車内販売のように持って来る。つまらない文型練習を少しでも楽しくしたいという気持ちの表れであるが、果たして効果はどうだろうか。意味がないとは言わないし、大いに盛り上がることもあるだろう。しかし、せっかくの品物が文型のパターン練習で絵カードがわりに使われるだけで終わってしまってはいないだろうか。単なるパターン練習を、文脈を考えた練習や、会話練習、タスク練習に発展させ、そこでの有効な「レアリア・生教材」の利用法を考えることも大事である。また、買ってきたばらの花束よりも、学習者が持っている鉛筆やボールペンなどをかき集めて数えたほうが学習者にとっては楽しい場合もある。「レアリア・生教材」は大いに使ってほしい。しかし、単に使えばよいというわけではなく、使う目的や理由を考えてから使うようにしよう。

13. 料理のレシピ

料理は身近な話題であるが、材料の名前、味付けや料理方法などの語彙や表現は意外に難しい。しかし料理のレシピは、順序を追って内容を理解していくという「読み」のよい練習材料になる。料理の本や、生活雑誌に載っているレシピを利用してみよう。

＜初級後半＞～＜上級＞

料理の材料や作り方を理解する。自分の国の料理について作文する

Step 1

学習者は料理のページの写真を見て、味、材料、作り方を予想し、写真を見ながら発表する。

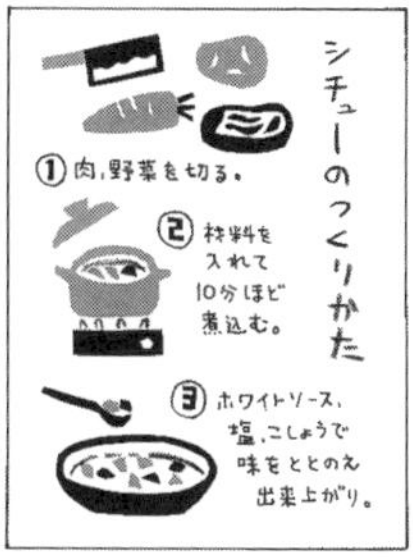
シチューのつくりかた
①肉、野菜を切る。
②材料を入れて10分ほど煮込む。
③ホワイトソース、塩、こしょうで味をととのえ出来上がり。

発表例

これはシチューです。色が白いのでホワイトソースのシチューだと思います。肉とじゃがいもとにんじんと玉ねぎが入っています。

Step 2

教師は学習者の発表を聞いて、料理の味、材料、作り方に関する語彙を確認する。

＜作り方の語彙の例＞

炒める、焼く、蒸す、煮る、ゆでる、細かく切る、千切りにする、さいの目に切る

＜材料の分量を表す語彙の例＞

小さじ１杯、大さじ１杯、１カップ、少々

Step 3

学習者は料理のページ（材料と作り方）を読んで予想どおりだったかどうか確認する。理解を確かめるために手順のイラストを書かせてもよい。

Step 4

学習者に自分の国の料理に似ているものがないか考えさせ、似ている自分の国の料理の材料と作り方を書いて発表させる。

一口メモ

・実際に料理を作ってみるのもよい。

・料理初心者のための本などには、料理の語彙が分かりやすく説明されている場合があるので利用するとよい。

14. 漫画

日本の漫画は世界中に知られており、今や日本の文化を代表するレアリアである。漫画のせりふは自然な口語体なので、生の日本語を学びたい学習者にとってはいい練習材料になる。また漫画の中には、年中行事などの季節に関わる話題や時事問題の話題なども盛り込まれることが多いので、日本文化に接する機会にもなる。四コマ漫画は、短い中にも起承転結があり、比較的手軽に利用できる。

©秋月りす／講談社

せりふを予想して言う

＜初級後半＞～＜上級＞

Step 1

４コマ漫画を用意し、最後の４コマ目のせりふの部分を隠す。

↓

Step 2

学習者は１コマ目から３コマ目までを読む。

↓

Step 3

個人、またはグループで、４コマ目のせりふを予想する。

Step 4

各自または各グループで発表し、予想をシェアする。

Step 5

学習者はどのせりふがよいか評価し合う。

Step 6

教師が正解を発表する。

一口メモ

・４コマ目の答え：独身ならそろそろマンション買いたいころでしょ。いい物件があるんだよー
・ストーリーの分かりやすい、比較的単純な４コマ漫画の場合、せりふをすべて隠し、考えさせてもよい。
・４コマ漫画でなくても会話の部分を取り出して利用することもできる。会話の一部のせりふを隠し、前後の会話の流れを考えながら、どんなせりふが入るかを個人またはグループで考えさせてもよい。

ストーリーを考えて発表する

＜初級＞ ～ ＜中級＞

14

漫画

Step 1

教師は、4コマ漫画の1コマ目だけを教室で見せる。

①

カバンの中身を見せて下さい
ねえ 見せて あげようか
マジ？ やめようよ

②

……さて、久しぶりに とりかえしのつかない ことでもするかな。

Step 2

学習者は各自、またはグループで、1コマ目を見て、そのあとに続くストーリーを自由に考える。

Step 3

Step 2で考えたストーリーを基に、2～4コマ目の絵とせりふを書く。

Step 4

学習者に、できた作品を発表させる。

↓

Step 5

漫画の続きを読み、作った作品との違いを確認する。ただし、漫画と同じストーリーであることが重要ではなく、さまざまな考えが出たことを評価する。

①のつづき

©榎本俊二『GOLDEN LUCKY 完全版　上』／太田出版

②のつづき

©吉田戦車／小学館文庫

＜初級＞ ～ ＜上級＞

ストーリーを考えながら正しい順番に並べ替える

14

漫画

Step 1

数ページ程度で完結する比較的短い漫画を用意する。

↓

Step 2

１ページごとに１枚の紙になるようにして切り取り、順番がバラバラになるようシャフルする。同じセットを複数用意する。

↓

Step 3

グループごとにセットを配布する。

↓

①

②

Step 4

学習者はグループでストーリーを考えながら、ページを元通りに再現する。

↓

Step 5

グループで考えた順番とストーリーを発表する。

③

④

一口メモ

・グループ間で、ストーリーを再現する早さを競わせてもよい。

・使用する漫画は、学習者のレベルに合わせてせりふの豊富なものを選んでもよい。

・４コマ漫画のコマをバラバラにし、再現させてもよい。

擬音語、擬態語を考える

＜初級＞ ～ ＜上級＞

Step 1

学習者に漫画のページを見せ、擬音語、擬態語の部分を隠す。

Step 2

前ページの漫画の例で言えば、「カラッ」「ホホホ」「ゴーッ」「プァーン」「ゴーッゴトンゴトン」「ルンルン」の部分を隠し、何が入るか考えさせる。

↓

Step 3

学習者は場面を考えながら、どのような擬音語、擬態語が入るのかを予想する(選択肢の中から選ばせる形式にしてもよい)。

↓

Step 4

学習者に発表させる。

↓

Step 5

教師は答えを発表する。

だれのせりふか考えさせる

＜初級＞ ～ ＜上級＞

14

漫画

Step 1

学習者に、漫画のせりふだけを文字で与える。

＜例＞

A：「ただ美味しいというだけじゃないわ。感動してしまう！」

B：「それなのに、これはどこをどう取っても、西洋料理だよ。」

C：「驚いたね。昆布とアサツキと言ったら、日本の材料じゃないか！」

Step 2

学習者はせりふを見ながら、その登場人物の性別、年齢、属性などを考える。

Step 3

せりふを隠した漫画を配布する。学習者はこれとStep 1のせりふを見ながら、前後関係やStep 2で考えたことをふまえて、Step 1のせりふがだれのものかをマッチングする。

©雁屋哲／花咲アキラ／小学館　ビッグコミックスピリッツ連載中

↓

Step 4

それぞれマッチングの理由を述べる。

一口メモ

・答え：①C　②B　③A

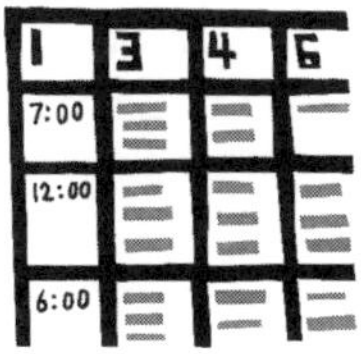

15. テレビ欄

新聞や雑誌のテレビ欄は、時系列に番組名が並び、情報が読み取りやすくなっている。またさまざまな記号も使われ、初級レベルでも情報が読み取れる場合が多い。授業で利用してみよう。

＜初級＞ ～ ＜上級＞

番組表から必要な情報を取り、見たい番組を決める

Step 1

学習者をペアあるいはグループにする。

Step 2

学習者に新聞を配り、テレビ番組欄を探させる。

Step 3

新聞によってテレビの番組欄にはさまざまな記号が使われている。記号の意味を学習者と一緒に考える。

＜例＞

ニュース **N**　　天気予報 **天**

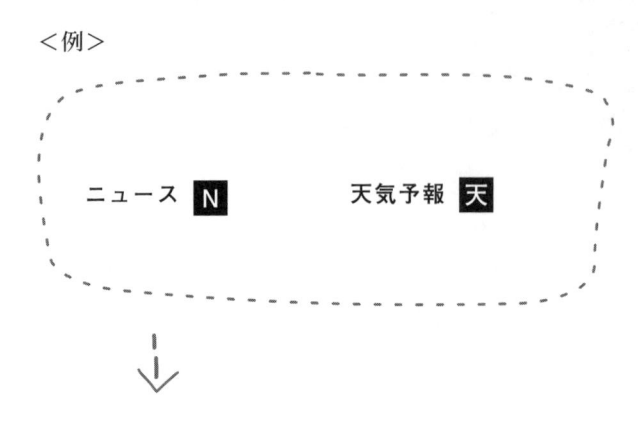

Step 4

ペアあるいはグループで、番組表から必要な情報を取る練習をさせる。

＜初級＞

教師が指定する番組を、学習者は記号を手がかりに探す。「ニュースは△△テレビで～時から～時までです」のような文型を使って発表をさせる。

＜中級～上級＞

次のようなタスクシートを作成して配り、課題を解決させる。

＜タスクシートの例＞

タスクシート（テレビを見よう）

次の条件を満たすように、見るテレビ番組を話し合って決めなさい。

＜条件＞1．ニュースを必ず１回見る。
2．天気予報を必ず１回見る。
3．クイズ番組を必ず１回見る。
4．ドラマか映画を必ず１回見る。
5．見る時間は、7時から11時までの４時間だけ。

＜見る番組＞

時間 （○時～○時）	チャンネル （放送局）	番組の名前

16. 日本の土産物や珍しい物

日本の土産物など、学習者の国にはないような日本独特の物は、日本文化を知る機会となる。また、日本の物と学習者の国の物との共通点や相違点を考えさせることで、自分の国の物に対する新しい発見をすることもある。

物をあげたりもらったりする会話の練習をする

＜初級＞

Step 1

教師はあらかじめ、袋や箱の中に、土産物など日本のさまざまな小物を用意する。

↓

Step 2

教師は「これ、日本のお土産です。どうぞ」と言いながら、小物を学習者に1つ渡す。

↓

Step 3

受け取った学習者は、お礼とともに、形容詞などを使って簡単にコメントを言う。

発話例

教師：　これ、日本のお土産です。どうぞ（扇子を渡す）。

学習者A：ありがとうございます。きれいですね。

教師：　これ、日本のお土産です。どうぞ（ドラえもんの人形を渡す）。

学習者B：ありがとうございます。かわいいですね。

教師：　これ、日本のお土産です。日本語の本です。どうぞ（本を渡す）。

学習者C：ありがとうございます。漢字が多いですね。

＜初級後半＞～＜上級＞

初めて見る物の名前や使い方を想像して話す

Step 1

日本の物のうち、学習者の国にはない物、また、学習者の国にあるが形状の著しく違う物などを用意しておく。

＜品物の例＞

お守り、熊手、鉢巻き、数珠、剣山、耳かき、切り餅、入浴剤、正露丸、マヨネーズ（チューブ入りのもの）、携帯ストラップ、静電気防止キーホルダー

↓

Step 2

机の上にStep 1の物を並べ、学習者に見せる。

↓

Step 3

学習者はこれらの物を実際に見たり、触ったり、においをかいだりしながら、これは何か、何に使う物かをグループごとに話し合う。

↓

Step 4

ワークシートなどに予想を書き、グループごとに発表する。

↓

Step 5

教師が正解を発表し、解説する。

一口メモ

・学習者にとって意外性のある物は、国によって異なると思われるので品物の選択には注意する。日本で生活する学習者の場合には、お茶の道具や生け花の道具など、日本にいてもあまりなじみのないものを選ぶとよい。

日本に関する○×クイズをする

＜初級後半＞～＜中級＞

Step 1

複数の日本の品物と次のようなクイズのワークシートを人数分用意しておく。クイズの設問は、その品物について直接問うものでもよいし、関連する内容でもよい。

＜ワークシート例＞

品物	説明	○？　×？
1. 正露丸	これは頭が痛いときに飲む薬です。	
2. 京都の絵はがき	京都は昔、日本の首都でした。	
3. 空手の本	日本人男性のほとんどは空手を習っています。	
4. お札	日本で使われているお札は、3種類です。	

Step 2

品物に番号をつけて机の上に並べ、学習者に見せる。

Step 3

○×クイズのワークシートを配る。

Step 4

学習者は品物を触ったりしながら、設問が正しいかどうか考えて○か×をシートに記入する。

Step 5

正解を発表し、解説する。予想とどう違ったか、どんな発見があったか、ほかにどんなことを知っているかなどをディスカッションさせる。

一口メモ

・最も正解率の高かった学習者に、品物の１つを商品として与えてもよい。

COLUMN 8

「物」に対するイメージはさまざま

日本で「牛乳」というと、小さな牛乳瓶か大きくても1リットルの紙パックを思い浮かべる。しかし、国によっては、例えば取っ手のついた3リットルぐらいの大きなプラスチック容器に入っているものをイメージする場合もある。つまり、ただ「牛乳」という日本語をその国の言語の対応する単語に置き換えても、実際にはどのような形状で売られているのかまでは伝わってはいないのである。日本の紙パックの牛乳を見せて初めて、日本では「牛乳」といえばこういうものをイメージするのかと理解してもらえる。

「マヨネーズ」も、海外ではジャムのような瓶に入っていて、しかも少し甘い味付けがしてあることがある。外国で日本のマヨネーズを見せて、「これは何ですか」と尋ねたら、「ベビーローションです」という答えが返ってきたこともある。

具体的な「物」を表すことばにも、辞書では説明しきれない、その国の生活習慣や文化を反映するさまざまな意味やイメージが含まれている。そこにレアリア・生教材を使う意味があり、違いを発見する面白さがある。こうした意味やイメージの違いを授業に取り入れてみよう。

17. 自分の家族やペット、旅行の写真

教師にとっても、学習者にとっても自分で撮った写真は自分自身の記録である。そうした素材は、自分自身のことを表現する材料となる。まず教師が教師自身の写真を使って、家族や飼っている動物、旅行の体験などについて話し、続いて学習者にも発表させてみよう。

写真を見せながら家族の説明をする

＜初級＞ ～ ＜中級＞

Step 1

学習者に自分の家族の写真を持ってくるように事前に指示しておく。

↓

Step 2

学習者をペアにする。

↓

Step 3

教師は自分の家族の紹介文を学習者に配布する。説明文の内容は、学習者のレベルや学習させたい内容に合わせて変える(Step 7 ＜説明文の例＞参照)。

Step 4

学習者は、家族名称や基本的な表現など、２人で考えながら説明文を読む。

Step 5

クラス全員で語彙などを確認し、分からないものがあったら質問させる。

Step 6

教師は自分の家族の写真を見せ、どの人がその説明文の人なのか学習者に考えさせ、答えさせる。分かりにくい場合は教師がヒントを出す。

＜ヒントの例＞

＜初級＞

青いセーターを着ています。わたしよりも背が高いです。

Step 7

次に学習者が自分の家族の写真を使って説明文を考え、クラスで発表する。

＜説明文の例＞

＜初級＞

1．母は 80 歳です。料理が上手です。
2．夫は 51 歳です。とても優しいです。
3．姉は 45 歳です。歌が好きです。
4．息子は 13 歳です。中学生です。
5．妹は 38 歳です。洋服のデザイナーをしています。

＜説明文の例＞

＜初級後半～中級＞

1．母は80歳です。性格はとても明るくていつも元気です。料理が上手で、特に野菜の煮物料理が得意です。趣味は編み物で、毎年家族全員のためにセーターやカーディガンや帽子を編んでくれます。

2．夫は51歳で、とても優しい人です。高校で英語を教えています。趣味は写真で、特に自然や風景の写真を撮ることが好きです。雑誌に何度か投稿して入選したことがあります。でも写真家になるつもりはないそうです。

3．息子は13歳です。東京の中学に通っています。今年２年生になりました。野球が大好きで、野球部に入って毎日練習しています。今年レギュラーになりました。将来プロ野球の選手になりたいそうです。

4．妹は38歳です。ファッション関係の会社に勤めています。子供服のデザインを担当していて、時々試作品をわたしの息子にくれます。でも最近は息子が大きくなったのであまり着られるものがありません。

一口メモ

・家族のことを話したがらない学習者もいる。その場合は友人の写真や、24「みんなの教材サイト」の写真を利用するとよい。

・中級レベルの場合は、性格や価値観など抽象的な語彙も積極的に使わせるようにする。

＜初級＞

旅行先で撮った写真を見て、地名や建物の名前を言う

Step 1

教師はあらかじめ学習者に、旅行先で撮った写真を持ってくるように指示する。友達からもらった絵はがきなどでもよいことにする。(写真は上から、浜名湖、ベルン、日光東照宮)

Step 2

教師は机の上に自分と学習者の旅行の写真や絵はがきを並べる。

Step 3

学習者にそれぞれの写真がどこの写真か、お互いに質問させる。

会話例

学習者：この写真はどこの写真ですか。

教師：　それは日光の写真です。

学習者：これは何ですか（写真の中の建物を指して）。

教師：　これは日光東照宮という神社の門です。

Step 4

それぞれの場所がどこにあるのか、日本地図や世界地図を見ながら確認し合う。

＜初級＞ ～ ＜中級＞

旅行先で撮った写真を使って観光地図を作り、旅行の行程を決める

Step 1

机の上に日本地図を広げる。学習者は持ってきた写真や絵はがきをそれぞれの場所に置く。あるいは地図をホワイトボードに張り、写真や絵はがきを張りつけるようにする。

Step 2

学習者は持ってきた写真や絵はがきの中の建物などの名前を少し大きめのカードに書き、写真や絵はがきの横に置いていく。あるいはホワイトボードにマグネットで張っていく。学習者は興味をもった写真の持ち主に詳しい説明を聞いてもよい。

Step 3

学習者はペアになり、でき上がった観光地図を見て、どこへ、どんな順番に旅行をすればよいか考え、順番を決める。

↓

Step 4

旅行の行程の文章を書いて発表させる。初級後半以上の場合は、どのような交通手段をとるか、どこで何を食べるか、観光地の説明など、さらに詳しい内容を書いて発表させる。

一口メモ

・学習者の出身地が多様な場合は、世界地図を用意して、それぞれの国の写真や絵はがきを使うとよい。

・小学生向けの地図を利用すると、振り仮名があって使いやすい。学校教育用の白地図も使いやすい。

・海外の地図を使う場合は、教師があらかじめ主な地名をカタカナで書いて地図の上に張っておくとよい。

＜初級＞～＜中級＞

動物や植物の写真・ペットの写真を見せて説明し、ランキングする

動物の場合

Step 1

学習者にはあらかじめ動物の写真（あるいはカードや絵はがき）を持ってくるように指示しておく。

↓

Step 2

教師がまず自分の写真を見せ、説明する。色、大きさ、食べる物、住んでいるところなどについて話す。学習者のレベルに合わせて、語彙や文型を調節する。ペットの場合は名前や性格などについて話してもよい。

説明例

＜初級＞

キリン：アフリカに住んでいます。首が長くて、草を食べます。

ペットの犬：目が大きくてかわいいです。毛布が大好きです。名前はポチです。

Step 3

学習者にも同じように発表をさせる。人数が多い場合は、グループにして、グループ内で発表するようにさせる。

Step 4

最後に学習者が持ってきた写真を机に並べ、さまざまなランキングを考える。

＜例＞

強い順番、足の速い順番、たくさん食べる順番

一口メモ

・いろいろな種類の写真がそろった場合には、クイズを作らせて、お互いにクイズを出し合ってもよい。

例）スリーヒントゲーム

「大きいです。鼻が長いです。タイにいます。何でしょう。」（答：象）

これも使える

・植物の写真でも同じように練習ができる。

18. 案内板や標識、看板の写真

町で見掛ける案内板や標識、看板などは、日常生活では重要な情報源。しかし、教室を出て実際を見せることは難しいので、写真に撮って利用しよう。ひらがなやカタカナが読めれば十分理解できるものから、難解なものやユーモアのあるものなど、さまざまな種類のものを、学習のレベルや目的に合わせて利用してみよう。

＜初級＞ ～ ＜中級＞

文字を読んだり意味を予想して説明したりする

Step 1

町で映した案内板、標識や看板の写真を見せて読ませる。初級の場合は、ひらがなやカタカナの復習、簡単な文型を使って時間を述べたり電話番号を述べたりする練習に利用する（～は～時から～時までです。電話番号は～番です）。

↓

Step 2

文字が読めたら、次にその意味を予想させて説明させる。

Step 3

正しい意味を確認する。

Step 4

注意を喚起するような看板の場合は、類似する表現などを紹介する。

一口メモ

・学習者がデジタルカメラやカメラ付き携帯電話などを持っている場合は、自分で面白いと思う看板を写してくるように指示しておいてもよい。接続コードを利用することでテレビモニターから全員で見ることが可能である。

・海外で教えている場合は、現地で見掛ける日本の店の看板をテーマにしてもよい。

19. 自分で録音した音

1枚の絵や写真が人々にさまざまなイメージを与えるように、「音」もまた聞く人にさまざまなイメージを与える。1つの「音」に対するイメージや想像の違いを授業で利用してみよう。

音を聞いて想像して話す

＜初級＞

Step 1

教師は生活の中の音や、町で聞こえる音を録音しておく。

＜例＞

掃除機の音、野菜を切る音、ドアをノックする音、動物の鳴き声、駅のホームの案内放送、電車の走る音、デパートの案内放送

Step 2

学習者に録音した音を１つずつ聞かせて何の音か、あるいは何をしている音か尋ねる。ごく初級の段階では、案内放送の具体的な内容まで分からなくてもよいことにする。

↓

Step 3

学習者は「～の音です」あるいは「～をしています」と答える（＜会話例１＞参照）。

↓

Step 4

教師は複数の答えを聞いてから正解を言う。

↓

Step 5

教師はStep 1で使った音を複数連続して聞かせ、「～をしてから～」の文型を使うように指示する（＜会話例２＞参照）。

↓

Step 6

教師は複数の答えを聞いてから正解を言う。

会話例1

教師：　(音を聞かせる)何をしていますか。

学習者A：ドアをノックしています。

学習者B：太鼓をたたいています。

学習者C：木をたたいています。

教師：　ドアをノックしています。

会話例2

教師：　（音を連続して２つ聞かせる）何をしていますか。

学習者A：ドアをノックしてから、ドアを開けました。

学習者B：箱をたたいてから、ふたを開けました。

教師：　箱をたたいてから、ふたを開けました。

19

自分で録音した音

音を利用してラジオ番組を作る

＜初級後半＞～＜上級＞

Step 1

教師は例のようなラジオ番組と効果音リストとその効果音テープを作っておく。自然の音などは、自分で録音するのが難しい場合が多いので、インターネット上で配信されている効果音を利用するとよい（ウェブサイトの紹介参照）。録音用テープも用意する。

Step 2

活動の趣旨を説明してから、ラジオ番組の例を聞かせる。

ラジオ番組の例

（「強い風」の音を流しながら）
こちらは日本の沖縄です。沖縄には今、大きな台風が近づいています。台風の影響による強い雨と風は明日の昼ごろまで続く見込みです。あ、わたしも風で飛ばされそうです！
では、ハワイのケリーさん、どうぞ。

（「波の音」を流しながら、少し声を変えて）
はい、ケリーです。こちらはハワイのワイキキビーチです。ハワイはとてもよい天気で、青い空が見えます。ビーチではたくさんの人が泳いでいます。わたしも今から泳ぎに行きます。では、タイのワンチャイさんどうぞ。

Step 3

教師は効果音リスト、効果音テープ、録音用テープを学習者に配布し、例のような番組を作るように指示する。

効果音リストの例

・風の音、雨の音、波の音、鳥の鳴く声、台風の音

Step 4

学習者は3、4人のグループで、Step 3のリストを見ながら（あるいは実際に音を聞きながら）番組を作る計画をする。学習者は相談して、中継場所、天気、話すこと、使う音を決める。台本が決まったら練習をして、例のようなラジオ番組を作る。

↓

Step 5

学習者は、1グループずつ、みんなの前で録音テープを流し、発表する。

一口メモ

・学習者自身に音の録音から任せてもよい。

・天気には関係なく、「デパート」「駅のホーム」などいろいろな場所からの中継という設定にしてもよい。

20 自分で撮影した映像

旅行の思い出や日常を記録した映像なども立派な「レアリア・生教材」である。最近は機器の編集機能も発達し、長さや音を簡単に調節できる。授業を意識した映像を作っておくことも可能だ。映像の内容を説明させたり、映像に合うナレーションを考えさせたり、さまざまな利用法を考えてみよう。

自己紹介の映像を見て、聞いて、理解する

＜初級＞ ～ ＜中級＞

Step 1

自分の家族や友人の自己紹介の映像（1人当たり10秒～30秒ぐらい）を何人分か撮っておく。簡単なものと少し難しいものの2種類作っておくとクラスのレベルに合わせて使い分けることができる。特に初級レベルで使うものは短いものをたくさんのパターン作っておくと学習者が飽きなくてよい。

＜初級レベルのシナリオ＞

友達Ａ：わたしはＡです。大学２年生です。△△が好きです。

友達Ｂ：わたしはＢです。銀行員です。○○が好きです。

Step 2

撮影した映像を学習者に見せる。最初はさっと見せて、どんな人がいたかランダムに話をさせる。

Step 3

もう一度見せて、名前、職業、趣味などに関する情報を書き取らせる。

Step 4

次のようなタスクシートを与えて書き込みをさせてもよい。

＜タスクシート＞

なまえ	しょくぎょう	すきなこと

部屋の映像を見て推理する

＜初級後半＞～＜上級＞

Step 1

数名の友人の部屋の映像を、一部屋当たり2～3分程度撮っておく。友人の職業や性格が想像しやすいものを映しておくとよい。「～の上に～があります」のような簡単なことばを使ってナレーションを入れながらでもよい。各部屋の紹介の一番最後にその部屋の住人を写し、簡単な自己紹介をしてもらう。

Step 2

教師は映像（住人の自己紹介の前まで）を見せ、部屋に何があったかを尋ねる。分かりにくかった場合は2、3回見せる。

↓

Step 3

部屋にあった物から住人がどんな人かを推理させる。理由も言わせる。

↓

Step 4

学習者の推理が出そろったら、最後に住人の自己紹介の部分を見せる。

発話例

（部屋のようすの映像）視聴のあとで

教師：　この人の部屋には何がありましたか。

学習者A：漫画の本やかばんがありました。

学習者B：机がありました。机の上は食べ物がいっぱいあって、汚かったです。

教師：　この部屋の人は男ですか、女ですか。

学習者C：男の人だと思います。男性用のかばんがありましたから。

教師：　では、この部屋の人を見ましょう。（部屋の人の自己紹介の部分の映像視聴）

教師：　どうでしたか。想像通りの人でしたか。

音を消した映像にナレーションを入れる

＜初級後半＞～＜上級＞

Step 1

観光地や町のようす、教師自身の１日の行動などを映した映像を用意しておく。自分の家のペットを映したものでもよい。

↓

Step 2

映像を見せ、学習者にナレーションを考えさせ、書かせる。グループで考えさせてもよい。

↓

Step 3

映像を流しながらナレーションをさせる。

ナレーション例

(浦和駅前の朝のラッシュ時の様子のビデオ)
ここは浦和駅前です。朝７時、たくさんの人がいます。

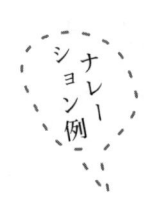

21. 新聞の記事

(1) 一般記事

新聞は、必要な情報を取ったり、内容について学んだりすることができるよい学習材料だが、難しい印象を与えることも多い。しかし、見出しから内容を推測するなど母語の新聞を読むような読み方を体験させたり、文字を拾い読みさせたりすれば、学習者の自律的な学習を促すことができる。

学習した文字や語彙を見付ける

<初級> ～ <中級>

Step 1

活動の目的や学習者の日本語力に応じて、1/2 枚～数日分の新聞を用意する。

↓

Step 2

指定した紙面の範囲の中から、学習したひらがな、カタカナ、漢字を見付けさせる。制限時間を設けて数を競わせたり、一定の数を与えて速さを競わせたりしてもよい。

＜例＞

＜初級＞

地震の記事を利用して「地震」「震度」「震源地」など「震」のつくことばを探させる。

＜初級後半以降＞

その漢字語彙の含まれている文全体を取り出すように指示し、どのような語彙や動詞とともに使われているのかを確認させる（例：○時○分に△△で地震が発生した）。

Step 3

＜初級後半＞（Step 1、Step 2 に加えて）

新聞によく使われる語句や表現、受身文や「～という」などの引用表現を見付けさせ、整理させる。

↓

Step 4

擬音語や擬態語を見付けさせ、形（「～と」「～する」「～だ」）や意味で分類させる。

一口メモ

Step 3 、Step 4 どちらかの活動で終わってもよい。

見出しから内容を予測して読む

＜中級＞ ～ ＜上級＞

Step 1

教師は記事を４つ選んで、見出し（大見出し、小見出し）と、リード文を切り取っておく。

Step 2

教師は学習者に４つの記事の見出しを配る。

①フィギュア女子 日本選手初

②奇抜な形、補修の「壁」

③救援難航 被害拡大も

④肥満の男性 24%→30%
朝食抜く中高生６%→９%

⑤びっくり 最高です

⑥村主４位 安藤15位

⑦不明1800～3000人の説

⑧遠のく「健康日本」

⑨都庁舎、雨漏りに泣く

⑩完成わずか15年

⑪比の地滑り

⑫修繕試算 1000億円

⑬厚労省、目標見直しも

⑭荒川「金」

Step 3

学習者は見出しを４つの記事に分類する。

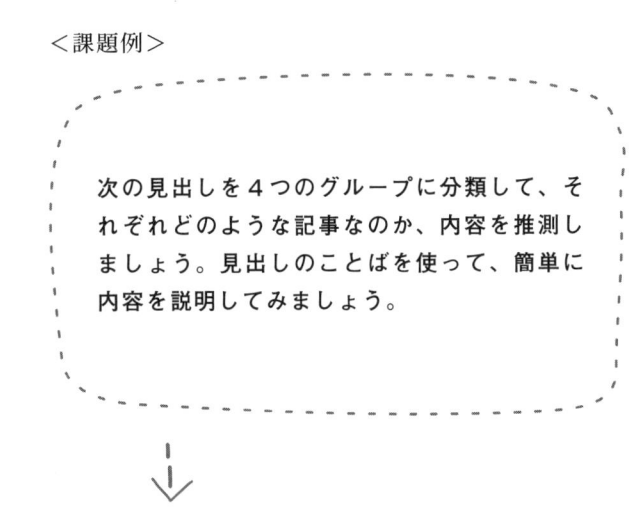

＜課題例＞

次の見出しを４つのグループに分類して、それぞれどのような記事なのか、内容を推測しましょう。見出しのことばを使って、簡単に内容を説明してみましょう。

Step 4

教師は４つの記事のリード文を配って、

どの見出しのものか分類させる。

A

東京一の高さを誇り、目を引く外観でランドマークとなっている新宿副都心の東京都庁舎。完成から15年で、雨漏りに悩むなど傷みが目立ってきた。補修しようにも独特なデザインのため余計な手間がかかり、全面改修には庁舎を造り直せるほどのカネがかかるという。「バブルの塔」は、首都東京の未来に大きな負の遺産となりかねない。

（山本桐栄）

B

トリノ冬季五輪第14日の23日、フィギュアスケート女子の自由が行われ、荒川静香(24)＝プリンスホテル＝が金メダルを獲得した。不振が続いた日本勢にとって今大会初のメダル。五輪フィギュアではアジア選手初の金で、日本選手のメダルとしては92年アルベールビル大会2位の伊藤みどり以来2人目。

C

【タクロバン（フィリピン中部）＝木村文】大規模な地滑りが起きたフィリピン中部のレイテ島南部セントバーナードで18日、千人以上とみられる行方不明者の捜索が本格化した。ＡＦＰ通信によると、１０９人の死亡が確認されたが、行方不明者について地元関係者からは3千人の可能性があるとの見方が浮上しており、犠牲者は増える見通しだ。国際的な救助チームが次々と到着しつつあるが、現場は空港から陸路で約4時間の遠隔地。救援は難航するとみられる。

D

肥満や大量飲酒する人の割合などが、国の定めた目標値から、より遠のいていることが厚生労働省のまとめでわかった。国民の健康づくり計画「健康日本21」に掲げる70項目のうち、約20項目で計画をつくった時より悪化していた。健康志向が高まっていると言われる中、目標達成が難しくなっている実態が浮かび上がった。

出典：すべて朝日新聞

A②⑨⑩⑫：2006年2月21日

B①⑤⑥⑭：2006年2月24日

C④⑧⑬　：2006年2月18日

D③⑦⑪　：2006年2月3日

Step 5

見出しとリード文の正解を与える。

答え　A：②⑨⑩⑫
　　　B：①⑤⑥⑭
　　　C：④⑧⑬
　　　D：③⑦⑪

Step 6

興味のある記事を１つ選んで全員で読む。

一口メモ

・学習者のレベルに合わせて、記事の数は調整する。

・大人の新聞が難しいと思われる学習者には、小学生新聞や中学生新聞を使うこともできる。小学生向けの新聞には振り仮名がついていて文字の負担が少ない。

(2) 催し案内欄

新聞の催し物案内欄には、アマチュアコンサートや映画の試写会など、さまざまな催し物の知らせが載っている。箇条書きになっていて読みやすいものも多い。利用してみよう。

＜初級＞～＜中級＞

必要な情報を取ったり、その内容を説明したりする

Step 1

学習者が興味を持ちそうな催し（映画、美術館、コンサートなど）の案内やチケットなどのプレゼントの欄から、複数の記事を選ぶ。

Step 2

記事の中から、日時、場所、料金、応募方法など、いくつかの項目を整理させる。ワークシートに読み取った情報を書き込ませてもよい。

■第十四回春の演歌祭り
内容／歌と踊りのアマチュアコンサート
日時／四月十六日（日）九時三十分～
場所／○○コミュニティセンター
入場／無料
TEL０４２９（７７）××××
０９０（８７４５）××××

＜ワークシート例＞

イベントの名前	日時	場所	内容	料金	その他
第十四回春の演歌祭り	4月16日（日）	○○コミュニティセンター	歌と踊りのアマチュアコンサート	無料	問い合わせ電話番号（・・・）

Step 3

学習者にどのイベントに行きたいか、その理由とともに話をさせる。

Step 4

＜初級後半～＞（Step 1 ～ Step 3 に加えて）

イベントを説明する文章を作らせ、発表させる。

発表例

4月16日、日曜日に、○○コミュニティセンターで、第十四回春の演歌祭りが行われます。内容は、歌と踊りのアマチュアコンサートで、入場は無料です。問い合わせは、電話で0429の77の××××、あるいは、090の8745の××××番です。

(3) 投書欄

新聞の投稿欄、投書欄には、身近な日常生活の話題から政治や社会の話題に至るまでさまざまな意見や考えが紹介されている。学習者のレベルや興味に合ったものを選んで利用しよう。

投書を読みアドバイスを書く

＜中級＞ ～ ＜上級＞

Step 1

学習者をペアあるいはグループにする。

Step 2

教師は学習者が興味を持ちそうな身近な話題や悩みなどを取り上げた投書欄を選び、学習者に読むように指示する。できれば次のようなタスクシートを配布し、宿題にする。

Step 3

学習者にタスクシートに書いてきたことを発表させ、ディスカッションをさせる。

＜タスクシートの例＞

『○○新聞』2006 年 5 月 30 日「悩み事相談」を読んでください。愛知県の女性の「長電話する先輩」という悩みに対して３人がアドバイスをしています。どのアドバイスが一番良いか選び、その理由を書いてください。

選んだアドバイス（　　　　　　）

選んだ理由

＜投書欄の例＞

『○○新聞』2006 年 5 月 30 日「悩み事相談」

長電話する先輩

わたしは同じ職場のＢさんに困っています。Ｂさんはわたしの隣の席に座っていて、わたしよりも５年先輩です。Ｂさんはほとんど一日中電話をしています。電話の相手は仕事上の取引先やほかの部署の人なのですが、いつも話が長く、時には仕事とはあまり関係のない話までしています。とてもうるさくて、仕事に集中できません。Ｂさんは先輩ですし、私用の電話をしているわけではないので、どう言えばいいのか困っています。どうしたらいいでしょうか。(愛知県　A子)

上司に相談するのが一番

わたしも以前、長電話をする先輩に悩まされたことがありました。上司に相談してみたら、その上司がうまく話してくれて、結局あっさり解決しました。上司の力量にもよりますが、一度相談してみてはどうでしょうか。(群馬県　C子)

まず先輩と親しくなる

A子さんは先輩のBさんとどのぐらいの親しさなのでしょうか。信頼関係があって、誠意を持って話せば分かってもらえるはずです。でも信頼関係がないと、きっとこじれてしまうのではないでしょうか。一度お食事に誘ってみてはどうですか。そして信頼関係をしっかり作ってから少しずつ話してみてはどうでしょうか。(東京都　D男)

遠慮しないではっきり言ったほうがよい

A子さんは少し遠慮しすぎではないでしょうか。きっとあなた以外にもまわりの人で困っている人はたくさんいるはずです。遠慮せずにはっきり言ってみてはどうですか。もしBさんと関係が悪くなっても、きっとまわりの人は味方してくれるはずです。
(埼玉県　匿名希望)

Step 4

投書欄のアドバイスの例を参考に、学習者にアドバイスを書かせる。新聞の投書欄が連載になっていて、次の話題（悩み）が提示されている場合などは、その悩みに対するアドバイスを書くよう指示してもよい。また、教師が悩みを提示してもよい。

＜投書欄に次回の悩みが提示されている場合の課題提示の例＞

> **次回の悩みは、帰宅時に会社の先輩から頻繁に「飲みに行こう」と誘われて困っているお酒の嫌いな女性の会社員の相談です。この人にアドバイスする文を100字から150字程度で書いてみましょう。**

意見文の内容を把握し、自分の意見をまとめる

＜中級後半＞～＜上級＞

Step 1

教師は社会的・政治的な内容の投書を選んで、学習者に読ませる。宿題にしておいてもよい。

Step 2

学習者は、投書の意見を賛成か反対か中立か確認しながら、まとめの文（150字～200字）を書く。

＜話題の例＞

女性天皇を認めることに賛成の意見／反対の意見

Step 3

学習者は、読んだ意見に対して自分の考えをまとめて書く。学習者が意見文を書くことに慣れていない場合は、次のタスクシートの例のように、あらかじめ決められた形を与えて書かせてもよい。

＜タスクシートの例＞

わたしはこの意見に（賛成です／反対です／賛成でも反対でもありません）。

＿＿＿＿＿＿＿＿＿＿＿＿＿＿＿＿＿＿＿＿

＿＿＿＿＿＿＿＿＿＿＿＿＿＿＿＿＿＿＿＿

＿＿＿＿＿＿＿＿＿＿＿＿＿＿＿＿＿＿＿＿

（からです／と考えるからです）。

↓

Step 4

学習者に書いたことをクラスで発表させる。

一口メモ

・投書はテーマに対する意見が、賛成か反対か中立か、明確なものがよい。

・活動の最後にテーマについてクラス全員でディスカッションをさせたり、賛成、反対に分かれてディベートをさせてもよい。

・意見文をまとめたり、自分の意見を書いたりする練習は日本留学試験のための練習にもなる。

⑷ コラム・社説

コラムや社説は、従来、日本語の授業でよく使われてきた生教材の１つであるが、比較的難しい文章を精読しながら、語彙や文型を学ぶ活動に用いられる場合が多い。しかし工夫次第では、速読の練習に利用することもできる。

コラムの文章を正しく並べ替える

＜中級＞ ～ ＜上級＞

Step 1

文章を段落やまとまりごとに分け、順番をバラバラにして（短冊のように切っておくとよい）学習者に渡す。元の文章の並び以外にも、筋の通った文章に並べ替えられる順番が存在する可能性もあるので、あらかじめ確認しておく必要がある。

↓

Step 2

学習者は、机の上で並べ替え、正しいと思う順番に並べる。

↓

Step 3

正解を確認し、並べ方を決めたヒントになった点について話し合う。

一口メモ

・並べ替えに適当な文章を選ぶことが肝要。時間的経過に沿って書かれているもの、話の起承転結がはっきりしているもの、接続詞や指示語、語彙の繰り返しなどで前後関係が分かるものを選ぶ。

・文章が長い場合や難しい部分がある場合は、部分的に元の文章の順を残し、学習者が取り組みやすい部分だけで活動を行ってもよい。

・日本留学試験の読解練習としても使える。

コラムの文章を読んで写真と合わせる

＜中級＞

Step 1

比較的短くて平易な文で書かれ、写真が添えられた、話題の物や店の紹介、簡単な旅行記などをいくつかそろえておく。

↓

Step 2

写真と文章を分けて配り、時間を決めて速読させ、マッチングさせる。

一口メモ

・写真についての説明がかなり具体的に書かれている文章はすぐに答えが分かってしまうので、その部分は切り取っておくなど工夫が必要である。

人物紹介欄を理解して、ほかの人に紹介する

＜中級＞ ～ ＜上級＞

Step 1

人物を紹介するコラムを複数集めておく。

↓

Step 2

学習者１人ずつ、または各グループに１つのコラムを配る。

ひと

ニューヨークで震災短歌を紹介する

辻本《つじもと》　勇夫《いさお》さん(61)

米ニューヨークの聖ジョン大聖堂で15日から約2カ月間、東日本大震災後の日本人の声を、短歌と被災地千人の肖像画や写真で紹介する展覧会を開く。

きっかけは昨年4月。読者が投稿した短歌が載る朝日新聞の歌壇面から、震災のうたが目に飛び込んできた。翌週も、その翌週も。〈ふるさとは無音無人の町になり地の果てのごと遠くなりたり（福島県）半杭螢子〉

胸がいっぱいになった。「三十一文字に託す思い。これが日本人だ。この声を海外に届けたい」

震災時は国際交流基金の日本文化センター所長としてニューヨークにいた。間もなく帰国し、定年に。一個人として何ができるか考えていた時、旧知の米コロラド州立大学の日本文学研究者が「(うたを) ぜひ翻訳したい」と言ってくれた。「日本が困難な時に私ができるのはこういうことだと思う」

9月に渡米し、友人や、かつての仕事関係者に協力を求めた。英訳したうたを見せると、みなが「日本人の胸のうちがよく分かった」と涙を見せた。在米日本人画家と日米の写真家も企画に加わることになり、米国人20人以上が資金集めや宣伝を手伝ってくれた。

投稿短歌75首を英訳して冊子にし、35首は対訳で展示もする。

「この展覧会は、世界の支援に対する日本人からの返信です。それを米国の人たちと作れた」

文・伊佐恭子　写真・早坂元興

朝日新聞 2012 年 6 月 14 日

↓

Step 3

学習者は、渡されたコラムを読み、「紹介状」または「推薦状」のような形式で、その人物を他者に紹介する文章をまとめる。

Step 4

お互いに読んだ人物を発表し合う。

発表例

辻本勇夫さんを紹介します。彼は、東日本大震災の後、被災地の人々が作った短歌を新聞で読み、とても感動しました。その短歌を英訳してアメリカの友人に見せたら、友人も共感してくれました。それで……

Step 5

ほかの学習者の発表を聞いて、面白そうだと思った人物についてのコラムを受け取って読む。

社説の内容を整理する

＜上級＞

Step 1

同じテーマを扱っている社説をいくつかの新聞から集める。

Step 2

内容を整理する下記のようなワークシートを作る。

＜ワークシート例＞

タイトル	新聞社名	内容の要旨
小学校英語 学校の判断に任せよ	△△新聞 （3月30日）	小学校英語にはいろいろな問題がある。①・・・・②・・・・だから押しつけてはいけない。国はサポートに徹するべき。
［小学校の英語］「必修化して『国語力』は大丈夫か」	××新聞 （3月29日）	

Step 3

学習者は社説のタイトルだけを見て、それぞれの社説が、その問題についてどんな意見を述べているのか、大まかに予測する。

Step 4

グループまたは個人で、１つずつ社説を分担して読み、ワークシートに書き入れる。

Step 5

ワークシートの内容を発表する。

一口メモ

・学習者の１人に社説の著者のつもりになってもらい、ほかの学習者とディスカッションやディベートをさせてもよい。

・社会的に問題になっている事柄などを取り上げる場合は、同じテーマを扱ったテレビのニュース番組や評論番組などを見せ、内容を把握させたり、自分の意見と対照させたりすると、より多角的な学習が可能になる。

22. ラジオや テレビの番組

(1) ラジオドラマ・朗読

ラジオドラマや朗読は、視覚に頼らず、音だけで内容や雰囲気を伝えようとするため、せりふや語り自体はテレビドラマに比べて聞きやすく、分かりやすい。また感情表現もはっきりしていて理解しやすい。時間的にも短い場合が多いので授業で利用しやすい。

あらすじを把握したり、感想を述べたりする

＜中級＞ 〜 ＜上級＞

Step 1

ラジオドラマの第１話（10分程度のもの）を聞かせ、まずあらすじを把握させる。場所はどこか、どんな登場人物がいたかなど、覚えていることを言わせる。

↓

Step 2

もう一度聞かせ、「場面・場所」「話の簡単な流れ」「登場人物の名前や役どころ」についてメモを取らせる。時には家族構成を図で書かせてもよい。

↓

Step 3

学習者をペアかグループにして、メモした内容について話し合わせ、整理させる。

Step 4

整理した内容をみんなの前で発表させる。

Step 5

中心となった登場人物を１人取り上げ、どのような人物なのか想像させ、話し合わせる。外見を想像してイラストに描かせたり、そう思う理由を話し合ったりする。性格などについても話をさせることによって抽象的なことばを使う練習をさせることができる。

一口メモ

・こうした番組を使うときは、日本語を楽しむことを目的とするので、ドラマの詳細な内容を聞き取る練習に偏らないようにする。

(2) ラジオ子供相談番組

夏休みや冬休みなど、長い休みの時期には、子供からの相談を受け付ける特別番組が組まれることがある。子供と接する機会が少ない学習者には、こうした番組を利用して、子供の話し方や大人が子供に接するときの話し方を観察させると面白い。

子供と大人の話し方の違いを知る

＜中級＞ ～ ＜上級＞

Step 1

ラジオの子供相談の番組を聞かせる。相談内容は1つに絞る。

↓

Step 2

子供の相談内容と大人の回答を聞き、メモを取らせる。

↓

Step 3

両者の要点を整理して発表させる。

↓

Step 4

今度はことばの特徴に注意するように指示して、もう一度聞かせる。

↓

Step 5

子供の話し方、大人の話し方で気がついた点を発表させる。

↓

Step 6

子供の相談に対して自分ならどう答えるか考えさせ、実際に子供に話すように言わせる。

(3) テレビニュース番組

毎日のニュースは、新聞、インターネット、ラジオなど複数のメディアを通して伝えられる。また各テレビ放送局は動画ニュースをホームページ上でも公開している。動画とほぼ同じ内容の記事（文字情報）も付いているので、目と耳で補い合って視聴することができる。テレビ番組とインターネットの両方を利用した授業を考えてみよう。

テレビから得た情報をインターネット上で確認する

＜上級＞

Step 1

テレビのニュース番組を見る。主なニュースのタイトルを聞き取らせ、メモを取らせる。学習者のレベルによってはトップニュースだけにしてもよい。

↓

Step 2

もう一度番組を見て、各ニュースの概要を把握させる。5W 1H（いつ、どこで、だれが、何を、なぜ、どのように）を書かせ、発表させる。

↓

Step 3

ニュースを見てよく分からなかったことばや理解できなかったことなどを言わせる。教師の側から把握しておく必要があると考えたキーワードや背景の知識について質問し、確認をしてもよい。

↓

Step 4

同じテレビ局のインターネット上の動画ニュースを見せる。続けて、同じページに掲載されている記事（文字情報）も読ませ、分からなかったことばやキーワードを文字で確認させる。文字情報を読ませながら音声を聞かせてもよい（ただし、動画ニュースと文字情報の内容は、完全には一致しない場合もある）。

↓

Step 5

文字で確認したことばをさらにインターネット上の辞書ツールを利用して意味を調べさせる。理解できなかった背景についても調べさせる。

Step 6

動画ニュースを再び見せ、内容を確認する。動画ニュースは何度でも再生することができるので、学習者には自分のペースで確認させるとよい。

一口メモ

・インターネットを利用したStep 4～Step 6の作業は、学習者が各自コンピューターが使える環境にない場合は省略する。不明なことばや事件の背景にある知識などは、辞書や参考文献で調べるように指示し、必要な場合は教師がヒントを与える。また、学校や学習者の自宅に学習者が個人的に使えるコンピューターがある場合は、Step 4～Step 6の作業は宿題にしてもよい。

・各テレビ局のURLは巻末の「ウェブサイトの紹介」を参照のこと。

・子供向けに作られたニュース番組を利用すると、解説が分かりやすく、ことばが平易になっていたり、画面に出るテロップに振り仮名がついていたりするので、上級レベルでなくても使える。

(4) テレビ天気予報

天気予報の番組では、必ず地図を使った解説がある。目と耳の両方から情報を得て理解することができるため、初級レベルでも理解することができる。桜前線、梅雨前線、紅葉前線、花粉情報など、日本ならではの情報も利用すると楽しい。

必要な情報を取る

＜初級＞ ～ ＜中級＞

Step 1

番組で使われている天気予報のマーク（「晴れ」「雨」「曇り」など）の意味を確認する。

↓

Step 2

学習者をペア、あるいはグループにして次のようなタスクシートを配り、予測の欄を考えさせる。クラスにタスクシートに書かれている都市、あるいはその周辺の出身学習者がいる場合には、その学習者にインタビューをして情報を得てもよいことにする。

＜世界の天気予報タスクシート例＞

	最高気温		最低気温		天気	
	予測	天気予報	予測	天気予報	予測	天気予報
ソウル						
ジャカルタ						
台北						

Step 3

「世界の天気予報」の番組を視聴して、情報を書き取り、自分たちの予測と合っていたかどうか確認する。

COLUMN 9

「天気予報」って大事ですか

あるブラジル人の学習者が日本のテレビについてこう言ったことがある。「日本のテレビではどうしてあんなに何回も、しかも詳しく天気予報の番組を流すのですか。そんなに天気が気になりますか」。そこでわたしは反対に聞いてみた。「天気予報がなかったら困りませんか」。彼は堂々と「困りません」と言う。会社へ行ってから雨が降り始めても「ああ、雨か」と思うだけだし、そのときはそのときで考えればよいと言うのである。天気予報が当たったのはずれたのとうるさく言う日本人を不思議に思うのだろう。価値観はさまざまである。生の素材を使うことは重要だが、あまり必要性を感じない素材を無理やり押しつけることはないだろう。

(5) テレビドラマ

ドラマにはストーリーや場面があり、個性的な登場人物がいる。内容や登場人物への強い興味が日本語を理解したいという動機付けにつながる。ここでは、中学生や高校生を対象にした学園ドラマと、小学生とその家族を対象にしたアニメーションドラマを例にとり、その使い方について考える。

＜初級後半＞～＜上級＞

学園ドラマを見て、登場人物、場面、ストーリーについて把握する

Step 1

できるだけ一話完結のドラマを選び、まずドラマの前半を見せる。1回に見せる長さ（前半部分）はできれば5分～10分程度が望ましい。しかし実際には1回50分程度のドラマが多いため、前半の長さが25分程度になる。学習者のレベルによって、長すぎると判断する場合は、3、4回に分けて見せる必要がある。見せる前に、主要な登場人物や場面となっている学校のようすをよく見るように言っておく。

Step 2

ドラマの前半部分を見せたあと、主な登場人物について質問し答えさせる。初級の場合は、主な登場人物の名前、年齢、役柄を簡単に述べさせる。中級以上の場合は、登場人物同士の関係や性格などについても話をさせるとよい。

Step 3

ドラマに登場する学校のようすや特徴などについて質問し、答えさせる。次のようなタスクシートを用意し、自分の国と比較させてもよい。

＜タスクシートの例＞

	日本（番組の映像）	自分の国
服装・靴		
持ち物		
教室や廊下にある物		

Step 4

もう一度ドラマの前半部分を見せ、ストーリーを把握させる。何が起きたのか出来事の順番に述べさせ、最後に続けて話ができるようにさせる。

↓

Step 5

ドラマの後半を予測させ、ストーリーを書かせ、発表させる。

↓

Step 6

ドラマの後半を見せ、ストーリーが予測どおりであったか、意外であった点はどこかなどを話させる。この部分は次回の授業に回してもよい。

＜初級後半＞～＜上級＞

ファミリー向けアニメーションドラマを見て、内容を把握する

Step 1

ドラマの前半部分を見せる（1回目）。アニメーションの場合、1話が15分程度で終わることが多く、1話完結の場合が多いので、その前半部分（話が展開する直前まで）、約7分ぐらいをまず見せる。主な登場人物とその関係について見るように指示する。

Step 2

ドラマを見せてから、主な登場人物とその関係について質問し、答えさせる。ファミリー向けアニメーションの場合、主人公の家族全員が登場する番組が多いので、家族関係の把握もさせることができる。時には家族構成を図で書かせてもよい。

Step 3

ドラマの前半部分をもう一度見せる（2回目）。今度は家のようすに注目して見るように指示する。ファミリー向けのアニメーションの場合、家の中のようすが出てくる場合が多い。特にアニメーションは単純化されて描かれていることが多いため、日本の家がどのようになっているか予想させたり、見取り図などを書かせたりしてもよい。

↓

Step 4

ドラマの前半部分をもう一度見せる（3回目）。前半部分のストーリーについて話をさせる。時間がない場合は、2回見たところで前半部分のストーリーについて話をさせる。さらに後半部分について予測させ、発表させる。

↓

Step 5

ドラマの後半部分を見せる。話の展開が予測と合っていたかどうか話させる。またこの話が全体で何が言いたかったのかを話し合うとよい。家族向けや小学生向けの場合、教訓が盛り込まれている場合もあるので、そうした内容を把握できるとよいだろう。

(6) テレビコマーシャル

テレビコマーシャルは、たった数十秒の映像でも、見る人の注意をひきつけ、強いメッセージが伝えられるようにできている。CMの中のフレーズや歌が頭から離れない、というような経験はないだろうか。CMは現代の日本を、言語の面からも、生活や価値観の面からも知ることができ、そして何よりも「面白い」という点でいい教材になる。ことばが難しい場合が多いが、使い方によっては初級からでも使える。

＜初級＞ ～ ＜上級＞

必要な情報を取り、日本の生活や文化に親しむ

Step 1

食品・日用品・電化製品などさまざまな商品のCMを用意しておく。初級で扱うCMは、言語情報に頼らず映像情報だけで大体理解できるものが使いやすい。

↓

Step 2

CMを3～5本見せて、それぞれについて商品名など分かることをワークシートに記入させる。

＜ワークシート例＞

	何のCMですか （商品の種類）	名前は何ですか （商品名）	会社はどこですか （メーカー名）	セールスポイントは何ですか（キャッチコピー、イメージ）
例	車	マーチ	NISSAN	フレンドリー スモール
1				
2				
3				

↓

Step 3

グループで聞き取れたことを確認させて、もう一度CMを見せる。

↓

Step 4

答えを確認しながら、CMを1本ずつ見せる。

↓

Step 5

好きなCMはどれか、気に入ったフレーズなどを話し合う。

<中級> ～ <上級>

内容や背景を理解し、コマーシャルの評価をする

Step 1

ことばのやり取り、ナレーション、せりふ、字幕が視聴しやすいCMを１つ選ぶ。日本事情的な内容が含まれているものや、ことばが自然な話しことばの特徴を持っていたり、現代の流行ことばや若者ことばなど、特徴のあるものならばなおよい。

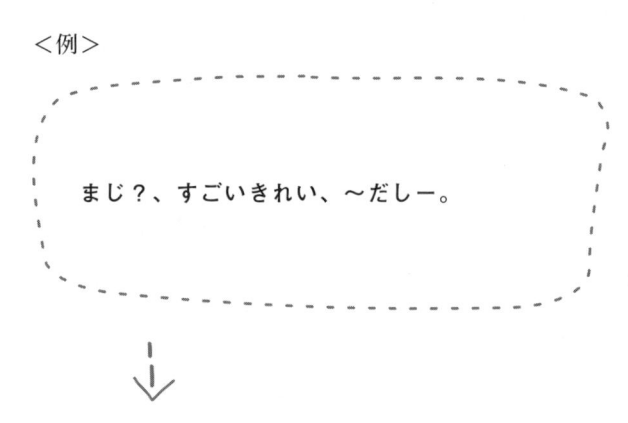

<例>

まじ？、すごいきれい、～だしー。

Step 2

CMで扱っている商品の背景にある知識について確認する。

＜例＞

携帯電話のコマーシャル

- どんな形、機能の携帯電話を見たことがあるか、あるいは自分は使っているか。
- 日本や自分の国ではどのぐらいの普及率か。
- 携帯電話は、日本や学習者の国の社会にどんな影響を与えているか。よい点、悪い点、今後の展開予想など（簡単に）。

Step 3

CMを1回見せる。どんな内容だったか、どんなことばを聞いたり見たりしたか、理解できなかった部分はあるかなど、学習者に言わせる。

Step 4

もう一度見せて、Step 3で理解できなかった部分を考えさせる。

↓

Step 5

ことばのやり取り、ナレーション、せりふなどの最終的な確認をする。ワークシートを作り、せりふの一部を空欄にして埋めさせてもよい。字幕がある場合は、字幕についても同様に意味や内容を確認する。

↓

Step 6

もう一度見せて、ことばのやり取り、ナレーション、せりふ、字幕の内容を確認させ、このコマーシャルが最も言いたいことは何か、学習者の国と事情が異なると思ったことは何かなどについて話をさせる。

↓

Step 7

学習者が映像制作、あるいは経済やマネージメントなどに興味がある場合は、広告批評をさせてもよい。例えば、次の５つの観点で、そのCMの優れている点を考えさせる。業種が同様の別会社のCMを見せて、比較させてもよい。さらに、学習者の国のコマーシャルの作り方と異なる点について話をさせる。

＜批評するときのポイント＞

1）消費者の注意を引く内容だったか。
2）消費者に興味を持たせる内容だったか。
3）消費者に買いたいと思わせる内容だったか。
4）消費者の記憶に残る内容だったか。
5）これを見た消費者は店に行って実際に買うと思うか。

一口メモ

・批評するときのポイントは、広告業界で使われるAIDMA（アイドマ）の法則（AIDMA's rule）といわれるものを参考にした。AIDMAとは、人間の消費行動の特徴を表す英語の頭文字をつないだもので、人が物を買うときはその商品やブランドにA(attention　注目)、I(interest　興味)、D(desire　欲望)、M(memory　記憶)してからA(action　行動)という段階を追うというもの。

(7) テレビインタビュー番組

インタビューは、インタビュアーとインタビューを受ける人の立場や年齢の違い、親しさの度合いなどによってことば遣いが変わったりすることがある。インタビューの内容を聞き取らせるだけでなく、そうした関係の違いによる話し方の違いも学ばせるとよい。また相づちや驚いたときのことば、話題を変えるときのことばなど、インタビューに特徴的な表現も学習できる。

インタビューでの表現を理解する

＜中級＞ ～ ＜上級＞

Step 1

インタビュー番組を見せる（１回目）。５分～10分ぐらいがよい。長い番組の場合は、話題の切れ目を利用して10分ぐらいを利用する。最初は全体の話の流れとインタビュアーとインタビューを受ける人の関係に着目して聞くように指示する。

↓

Step 2

インタビュー番組を見せたあと、インタビューの内容（話題）について大まかに把握させる。

Step 3

インタビュアーとインタビューを受ける人の立場の違い、年齢差、親しさの度合いなどについて考えさせる。インタビュアーの話し方をヒントにする。

Step 4

Step 2 Step 3を基にインタビューの内容について発表させる。

Step 5

相づちなどに注意してインタビュー番組を再度見せる（２回目）。今度は＜例＞のような表現に着目して聞くようにさせる。気がついた表現は箇条書きにするように指示する。

＜例＞

（相づちや同意の表現）
そうですか、なるほど、ええ、はいはい
（驚いたり感心したりしたときの表現）
へえ、本当ですか、まあ
（話題を変えたり展開したりするときの表現）
ところで、それはそうと、そういえば、話は少し変わりますが

↓

Step 6

Step 5で気がついた表現とその効果について発表させる。

↓

Step 7

Step 1とは別の３分程度のインタビュー番組を数本見せる。できれば、Step 1とは、人間関係が異なり、話し方も異なるものを見せる。Step 3のように、相手によってインタビューのしかたが異なることを発見させ、気がついたことを発表させる。

⑻ テレフォン・ショッピング

テレビで放映されるテレフォン・ショッピングの番組は、商品名、商品の特徴、値段などが明確に述べられるので、初級レベルでも教材として利用しやすい。買い物をする気分で、視聴しながら自然に日本語の勉強ができる。

必要な情報を取る

＜初級＞ ～ ＜中級＞

Step 1

テレフォン・ショッピングの番組を視聴する。視聴する前に次のようなタスクシートを配布し、商品名、特徴、値段など必要な情報をメモするように指示する。初級の段階では商品名と値段だけでもよい。

＜タスクシート例＞

＜初級後半～＞

商品名	特徴	本来の商品の値段	テレフォン・ショッピングでの値段

Step 2

ペアあるいはグループでメモした内容を確認し合う。

Step 3

もう一度番組を視聴して、内容が正しいかどうか確認する。学習者のレベルによっては教師が答え合わせをする。

Step 4

自分だったらどれが買いたいか、その理由は何かについて考えさせ、発表させる。

23. インターネット

(1) 観光や買い物に関する情報サイト

インターネットのウェブサイトは、世界のどこからでも利用できる生教材である。コンピュータールームがあって学習者が各自でインターネットを使うことができる環境にある場合、インターネットを使った教室活動を行うことができる。ここでは、教師があらかじめ見せたいサイトを選んでおき、それを利用して課題を達成させる学習法を紹介する。

日帰り旅行の計画を立てる

＜中級＞ ～ ＜上級＞

Step 1

教師は学習者が関心を持ちそうなテーマと使用するサイトを決めて、ワークシートや計画シートを作っておく。185～186ページ参照。

↓

Step 2

学習者に、これから身近な観光地（ここでは埼玉県の「東武動物公園」を例とする）へ行くという場面設定を説明し、学習者の興味を引き出す。

↓

Step 3

学習者をグループに分け、ワークシートと計画シートを配る。

Step 4

東武動物公園へ行く計画を立てるという課題を確認し、課題を行うための手順（ワークシートの**ステップ**参照）を説明し、利用するサイト（URL）を確認する。

Step 5

ワークシートの**チェック項目**を見ながら、課題を行う上で期待されていること、何がどのような基準で評価されるのかを説明する。

Step 6

学習者はグループでインターネットを使って課題を達成し、計画シートを完成させ、発表する。学習者がこうした活動に慣れていない場合は、学習者のレベルに応じて、話し合いや発表に必要な表現を導入しておく。

↓

Step 7

最後に一連の活動を通して何を学んだか確認し、まとめさせる。

一口メモ

このような活動をウェブクエスト（WebQuest）という。ウェブクエストとは1995年にアメリカのバーニー・ドッジ教授が考案した、インターネットを使った教材の枠組みである。この枠組みの特徴は、教師があらかじめ選んだサイトを利用すること、しかしその際学習者は自律的に情報の選択を行わなければならないこと、また課題を遂行するために仲間と役割分担をして協力して課題を達成することが求められることである。ウェブクエストは学習者一人一人がしっかり参加できる学習の形だといえる。

<ワークシート例>

東武動物公園へ行こう！

埼玉県の東武動物公園はとても楽しいところだそうです。みんなで遊びに行きましょう！

★楽しい思い出ができるようにグループでプランを立ててください。
一番よくできたグループを選びましょう。

ステップ

Step 1　東武動物公園のHPを見て、どんなところか確認してください。
Step 2　役割を決めて必要な情報を探してください。
・交通係：東京からの行き方を決めます。
・観光係：東武動物公園のおもしろいイベントについて調べます。
・食事係：昼食のメニューを決めます。
Step 3　情報が集まったら、計画シートに情報をまとめてください。
Step 4　まとめた情報を使って、みんなで発表の準備をしてください。
Step 5　クラスで発表してください。

リソース

東武動物公園のHP（http://www.tobuzoo.com/）
交通係：交通アクセス（http://www.tobuzoo.com/access/）
乗換案内（http://www.jorudan.co.jp/）
観光係：動物園イベントラインナップ(http://www.tobuzoo.com/zoo/event/)
遊園地・アトラクション一覧（http://www.tobuzoo.com/park/list/）
食事係：レストラン・ショップ（http://www.tobuzoo.com/restaurant-shop/）

★日本語を読むためのツール
ひらひらのひらがなめがね（http://www.hiragana.jp/）
Rikai（http://www.rikai.com/）

チェック項目

発表の時にチェックする点です。(10点満点)

グループ名	プランの内容 【4点満点】 おもしろい？ 行きたい？値段は？	日本語 【3点満点】 正しい日本語？説明 上手？話しの流れは？	発表のしかた 【3点満点】 声は大きい？ はっきり話した？	合計 【10点満点】
1.				
2.				

まとめ

観光する時の情報の集め方やまとめ方を学びました。日本を観光するときに役に立てましょう。

＜計画シート例＞

東武動物公園へ行こう！　計画シート

グループメンバー：＿＿＿＿＿＿＿

いつ行きますか。	
東京からどうやって行きますか。	
何をしますか。	
何を食べますか。	
全部でいくらかかりますか。	

発表の表現

「わたしたちの計画を発表します。」
交通：「ＡからＢまで～で行きます。Ｂで～に乗り換えます。Ｃから～を使います。」
観光：「～で～を～ます。そのあと、～で～を～ます。」
食事：「～で～を食べたいと思います。理由は～だからです。」

一口メモ

・リソースとして使うサイトを選ぶときには、学習者が必要な情報を取りやすいように、シンプルな作りのサイトを選択するとよい。

・インターネットやコンピュータを使えない場合は、パンフレットや広告を使ってもよい。電子情報を使うか、紙による情報を使うかという違いがあるだけで、学習者が自分で情報を選択し、学習者同士で協力して、課題を遂行する、という過程は同じである。

・テーマは学習者の興味に応じて決めるとよい。

・ワードで作った文書をＥメールなどで配布する場合には紹介したURLにリンクを張っておくと作業が楽である。

(2) 検索エンジン

現代の生活では、分からないことや知りたいことをインターネットで調べるのが普通になってきた。ウェブ上にある日本語の情報を活用することが生活に結びつくよい練習になると言える。ここでは、検索サイトを利用して簡単なクイズの答えを探す活動を紹介する。

クイズの答えを探す

＜中級＞ ～ ＜上級＞

Step 1

教師は、＜設問の例＞のような日本や日本文化に関係する何種類かの質問・課題を用意する。質問・課題はプリントなどに書き、配布する。

↓

Step 2

学習者は、与えられた問題の解答を見付けるために、インターネットの検索エンジン（Google や Yahoo! など）で調べながら、答えを探す。

↓

Step 3

すべての設問に早く正しく答えられた人が勝ち。

＜設問の例⑴＞

・東京から京都まで、電車でいくらですか。
・日本で２番目に高い山は何という山ですか。
・相撲の横綱は今、だれがいますか。
・日本のマクドナルドにはどんなメニューがありますか。
・日本の小学生が将来なりたい職業の一番は何ですか。
・ドラえもんの誕生日は何年何月何日ですか。
・SMAP の木村拓哉の好きな食べ物は何ですか。

授業で特定の文化項目について紹介したときなどに、これについて詳しく調べさせてもよい。

＜設問の例⑵＞

「ひな祭り」について紹介したあとで
・ひな人形の写真を探してください。
・ひな人形の値段は、大体いくらぐらいしますか。
・ひな人形の「五人ばやし」が持っている楽器は何ですか。
・ひな祭りには何を食べますか。何を飲みますか。
・「うれしいひな祭り」という歌の歌詞とメロディーを調べてください。
・桜餅の作り方を調べてください。
・ひな人形を折り紙で作る方法を調べてください。
・ひな祭りの歴史や起源について調べてください。

(3) 動画ニュースのサイト－自律学習

22 (3)では、テレビニュース番組と動画ニュースを組み合わせて利用する方法を紹介した。ここでは、自分のペースで何度でも再生できる点を生かし、自律学習として利用する方法を紹介する。

自律的にニュースから情報を取る練習をする

＜中級後半＞～＜上級＞

Step 1

教師は視聴させる動画ニュースを選び、次のように動画ニュースのURL、タイトル、タスクを学習者に伝える。Eメールなどで送り、URLのハイパーリンクをクリックするだけで目的のページを開くことができるようにするとよい。

＜タスクシートの例＞

■見るニュース

訪日する外国人観光客が過去最大の落ち込み

(2012/1/20)

http://www.youtube.com/watch?v=ndMB5_wuO8A

■ニュースを見て答えましょう

１）2011年の訪日外国人観光客数は何人ですか。

２）下落の背景は何ですか。

３）日本政府は下落に対して、どのような方針で対応しようとしていますか。

■調べましょう

2010年の訪日外国人（宿泊者）のうち、上位５か国（地域）を調べてください。

国土交通省＞統計情報・白書＞白書＞観光白書＞平成23年度版全文＞第Ⅱ部第１章第２節１　外国人宿泊旅行の動向

■ツール

・振り仮名ツール

ひらひらのひらがなめがね　http://www.hiragana.jp/

・辞書ツール

リーディングチュウ太　http://language.tiu.ac.jp/

Rikai　http://www.rikai.com/

Step 2

学習者は授業外の時間に、与えられたニュースサイトにアクセスして、ニュースを視聴し、タスクに答える。その際、振り仮名をつける機能や辞書機能のあるサイトを利用させる。

Step 3

教師はタスクをチェックする。

一口メモ

・慣れてきたら、学習者が自分で見たいニュースを選び、要点をまとめてクラス発表するというタスクにしてもいい。

・ニュースは更新されるので、履歴が残らないサイトの場合、24時間以内にニュースを見るなど制限をつける必要がある。

・記事を読むための辞書ツールなどの使い方も事前に教えておく必要がある。

⑷ 動画CMのサイト

22 ⑹では、テレビコマーシャルの利用法を紹介した。ここでは、インターネット上で配信されている動画コマーシャルの利用法を紹介する。

<中級> ~ <上級>

CMを通して、現代日本の問題を考える

Step 1

学習者に、これからあるキャンペーンのCMを視聴するので、何の広告か推測するように言う。

↓

Step 2

教師のパソコンをACジャパンのホームページにアクセスして、視聴させたいCMの音声だけを聞かせる。キャンペーンのメッセージ部分（<話題の例>のあみかけ部分のようなところ）は、音量を下げて聞こえないようにする。

＜話題の例＞

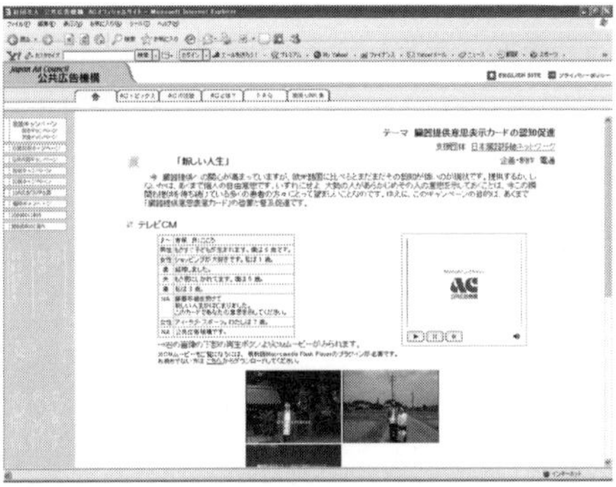

協力：AC ジャパン

「新しい人生」臓器提供意思表示カードの認知促進（2006 年 4 月現在）

男性：もうすぐ子どもが生まれます。僕は 6 歳です。

女性：ショッピングが大好きです。私は 1 歳。

妻：　結婚しました。

夫：　もう尻にしかれてます。僕は 5 歳。

妻：　わたしは 3 歳。

NA：　臓器移植を受けて、新しい人生が始まりました。このカードであなたの意思を示してください。

女性：アイ・ラブ・スポーツ。わたしは 7 歳。

NA：　公共広告機構です。

Step 3

何回か音声のみを再生して、聞き取りができなかったり意味が分からないところがないか確認する。

Step 4

何のキャンペーンか推測したことを話し合わせる。教師は適宜ヒントを出す。

例

この人たちは、あることによって新しい人生が始まりました。この人たちは重い病気だったのだと思います。この人たちを救ったのは薬ではありません。

Step 5

何のキャンペーンか話し、学習者はパソコンの画面で広告を再生させて画像と音声の両方を確認する。学習者は自分の能力に合わせて何度でも再生して視聴する。

Step 6

教師はこの広告のテーマについてさらに説明をしたり、別の教材を使用してこのテーマについての考えを深めさせる。

一口メモ

・「AC ジャパン」の広告は、社会と公共の福祉に貢献することを目的に作られており、身近な問題を高品質の作品でストレートに訴えて見る者の目を引き付ける。重いテーマも少なくないが、現代の日本を知る手がかりとなる。AC ジャパンのホームページ（http://www.ad-c.or.jp/）では、テレビ CM の動画も一部公開している。現代の日本での問題が、各 CM のコンセプトとともにスクリプトも表示されているので、教師にも学習者にも使いやすい。

・インターネットで配信される動画は、ファイルをハードディスクなどに保存できないストリーミングと言う形式で配信しているので、授業で使う場合はインターネットに接続させる必要がある。ただ、動画の画面は小さいので、学習者一人一人にパソコンがあることが望ましい。

24「みんなの教材サイト」

http://minnanokyozai.jp/

これまでさまざまな「レアリア・生教材」の利用方法について紹介してきたが、授業の都合により、どうしても素材を加工したり、複数コピーを作成してクラスで配布する必要がある場合が発生する。そうした場合、著作権、肖像権の観点から、教育目的のために自由に使用することが許可されている教材用素材を探すことが必要になる。ここでは、現在ウェブ上に公開されている素材提供サイトから、国際交流基金の「みんなの教材サイト」を紹介する。

このサイトは世界中の日本語教師を支援するために設けられたサイトで、「教材用素材」「教師用ナビ」「わたしのページ」「みんなの広場」の4つのコーナーがある。「教材用素材」のコーナーでは、初級日本語素材として初級文法項目の説明と例文、教室活動例（練習例）や音声データ、写真、イラストが掲載されている。どの素材も教育目的で授業用に利用するだけならば自由に使うことができる。ユーザー登録が必要になるが、必要事項を記入すればその場で登録でき、すぐに利用することができる。

＜「みんなの教材サイト」トップページ＞

写真素材を
そのまま利用する

<写真のページ>

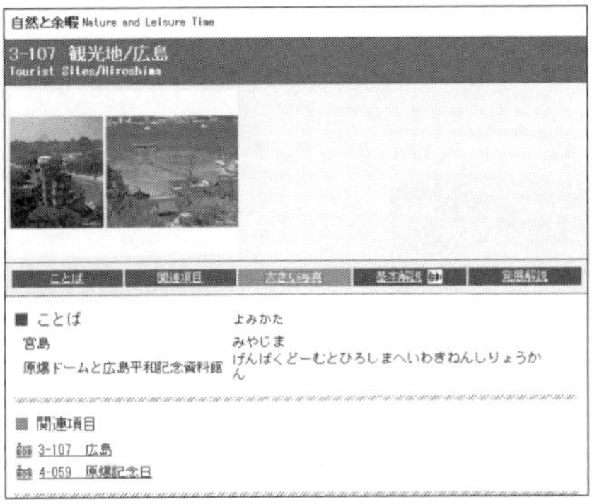

「17. 自分の家族やペット、旅行の写真」で紹介したように、自分の写真を使う代わりにこのサイトの「家族の写真」「動物・植物の写真」「旅行の写真」を利用することができる。特に学習者の家族構成が複雑な場合などは、最初から、このサイトの中の仮想の家族の写真を利用して練習をするとよい。また、学習者があまり旅行などに行っていない場合や、学習者の旅行先が皆同じような場所の場合には、このサイトの中の観光地の写真を利用すると練習の範囲が広がって効果的であろう。

金子さん一家

食後のだんらんをする

富士山

名古屋

写真素材を加工して利用する

ここでは、教材用素材の加工のしかたを紹介する。

この本では、現実の日本の社会で使っているメニュー、チラシ、パンフレット、広告、料理のページなどさまざまな物の利用を紹介した。こうした現実の日本の社会で使っている物をできるだけそのまま利用したいのだが、どうしても手に入らなかったり、そのまま利用することに支障があったりする場合がある。その場合は、教師が似たものを作り出し、「レアリア・生教材」を利用したときと同じような効果をいくらか授業の中で生み出すことも可能である。そのために、この教材用素材を利用するとよい。以下に２つ例を紹介しよう。

＜メニュー＞

わいわい食堂

ラーメン

３５０円

てんぷら

８９０円

うどん

３２０円

＜料理レシピ＞

すきやき

材料（２人分）

しらたき　100グラム
ねぎ　２本
牛肉　200グラム
生卵　２個
焼豆腐　１丁
白菜　1/４個
しいたけ　４枚
春菊　1/４束

作り方

一口メモ

・できるだけ現実の社会を反映するよう、値段や量などは現実に近い情報を取り入れることが必要である。

これも使える

・国際文化フォーラムのウェブサイト
(http://www.tjf.or.jp/) では、小・中・高校生の生活のようすを映した写真も提供されているので利用するとよい。

ウェブサイトの紹介

1.「レアリア・生教材」を手に入れる

1）食品のパッケージ

製菓会社のサイトを紹介します。

・明治　http://www.meiji.co.jp/

・江崎グリコ　http://www.glico.co.jp/

・LOTTE　http://www.lotte.co.jp/

2）自治体からのお知らせ

川口市のサイトには「家庭ごみ収集日カレンダー」や、イラスト入りの「ごみの正しい分け方・出し方」のページがあります。

・埼玉県川口市ウェブサイト
http://www.city.kawaguchi.lg.jp/

3）旅行パンフレット

旅行パンフレットは旅行代理店で手に入りますが、次のサイトでも同じものを見ることができます。実際にページをめくる感覚が楽しめます。

・日本旅行　http://www.nta.co.jp/

4）贈り物

冠婚葬祭の贈答マナーに関する情報、喜ばれるお歳暮、お中元のランキングなどが載っています。デパートなどギフト情報のリンクが豊富です。

・ご贈答マナー　http://zoto.jp/

5）効果音

自分で音を録音するのが難しい場合は、ダウンロードして利用することができます。利用条件などをよく読んで利用してください。

・効果音 g　http://sfx-g.net/

6）新聞記事

テーマなどによって検索することができるので、同じテーマの記事を複数の新聞から集めたいときに便利です。

・朝日新聞　asahi.com　http://www.asahi.com/

・毎日新聞　毎日 jp　http://www.mainichi.jp/

・読売新聞　YOMIURI　ONLINE　http://www.yomiuri.co.jp/

7）ラジオやテレビのニュース

動画もあります。

・Yahoo! 動画ニュース　http://headlines.yahoo.co.jp/videonews/

・NHK　http://www3.nhk.or.jp/news/

・日本テレビ系　http://www.news24.jp/

・TBS 系　http://news.tbs.co.jp/

・フジテレビ系　http://www.fnn-news.com/

・テレビ朝日系　http://www.tv-asahi.co.jp/ann/index.html

8）テレビのコマーシャル

話題になっている CM、人気のある CM が紹介されていて動画も見られます。

・ＣＭ Japan　http://www.cmjapan.com/

・ＣＭ動画　http://www.bb-navi.com/cm-douga/

2．学習者に紹介したい読解支援ツール

1）ウェブサイト上の漢字に振り仮名をつけるツール

・ひらひらのひらがなめがね　http://www.hiragana.jp/

2）日日、日英、日独辞書ツール、および語彙と漢字のレベル判定ツール

・リーディングチュウ太　http://language.tiu.ac.jp/

3）漢字の読みと英訳を表示するツール

・Rikai　　http://www.rikai.com/

4）情報を探すときの検索エンジン

イメージ検索、画像検索を利用すると、検索語彙に関係する写真やイラストなどが探せます。

・Yahoo! JAPAN　　http://www.yahoo.co.jp/

・Google　　http://www.google.co.jp/

3．教材用素材のウェブサイト

みんなの教材サイト

写真やイラストの素材があります。(198 ページで紹介)

・http://minnanokyozai.jp/

国際文化フォーラム

初・中等教育向けの教材（絵・写真等）が多数あります。

・http://www.tjf.or.jp/

IPA 教育用画像素材集

自然や文化に関係する画像があります。

・http://www2.edu.ipa.go.jp/gz/

みんなの教材
サイト
Welcome!

「レアリア・生教材」の利用法一覧

	活動内容	レベル	語彙
1．食品のパッケージ	商品名の意味や由来を考えて発表する	初級〜上級	・擬音語・擬態語 ・口語表現
	リサイクルマークの意味を知る	初級〜上級	・原料名（PET、プラスチック、アルミ） ・リサイクル、再利用 ・ペットボトル、缶
	健康に関することばの意味を説明する	中級〜上級	・健康に関する語彙（ダイエット、カロリーオフ、無添加、無香料） ・食品の成分、栄養素、カロリーに関する語彙
2．チケットの半券	観劇などに友達を誘う	初級〜中級	・日時、開演時間、場所など
3．薬の箱や袋	薬の説明をする	中級〜上級	・症状、効能 ・頻度（1日1回） ・量（〜錠、〜カプセル） ・成分の名前
4．メニュー	英語とカタカナ語の違いを知る	初級	・料理、飲み物の名前
	レストランで注文する	初級〜中級	・料理名 ・食材の名前 ・サイズ ・値段

読む　聞く　話す　書く

学習項目（例）		技能			
文型・表現	話題				
～という意味です	商品の名前のつけ方	○		○	
～（原料）から作られています／できています ～ように／～にご協力ください ～たあとは～	環境問題	○		○	
～という意味です ～にいいです	健康志向	○		○	
～んです（けど） ～ませんか ～はちょっと	レジャー、スポーツ、観劇、誘い方	○		○	
～とき ～てください ～ないでください ～に効きます	薬の種類や飲み方	○		○	
—	外来語の表記のしかた	○			○
～と～と～をお願いします ～って何ですか ～（合計）で～円でございます ～（肉）が入っていますか 形容詞（甘い・辛い）ですか	飲食店でのメニュー（セットメニュー）、注文のしかた	○		○	

5. 折込広告やチラシ	スーパーのチラシで情報交換する	初級後半〜中級	・商品名 ・助数詞（〜本、〜個、〜袋） ・値段 ・高い、安い
	マンション、車、電気製品などの広告を見て内容を比較する	初級〜上級	・住宅購入に関する語彙　(3LDK、駐車場、管理費など) ・形容詞（近い、広い、安い、便利） ・製品の性能に関する語彙
	求人広告を利用して、希望の仕事について話す	中級〜上級	・職種に関する語彙 ・給料に関する語彙 ・条件（制服、保険、住居など）に関する語
6. 雑誌の広告のページ	写真を見て内容を想像して話す	初級〜中級	・形容詞（きれい、美しい、おいしい、かわいい、元気）
	キャッチフレーズから広告の内容を読み取り発表する	初級後半〜上級	・商品名、会社名 ・商品の値段 ・商品の性能や性質に関する語彙 ・擬音語、擬態語
7. 路線図	地名を読む	初級	・地名、駅名、路線名
	乗り換え案内をする	初級後半〜中級	・路線名、駅名 ・電車の種類（地下鉄、JR、モノレール） ・動詞（乗ります、降ります、乗り換えます
8. 自治体からのお知らせ	ごみの分別について話す	初級	・分別ごみの種類 ・リサイクルに関する語彙 ・曜日、週、時間

～はいくらですか ～円です ～のほうが（高い／安い） ～ましょう	日本のスーパー、商店、買い物	○		○	
～から歩いて～分 副助詞の類（～も（強調）あります、 ～だけでOK）	住宅事情・生活事情	○		○	
～についてうかがいたいんですが ～なければなりませんか ～より～のほうが～ ～は～が～	就職事情	○		○	
～そう（様態）です ～と思います （理由）から～	商品（物）に対するイメージ	○		○	
NのN ～たいと思います （理由）から～	キャッチフレーズ	○		○	
―	地名、駅名	○			○
～から～まで～で行きます ～で乗り換えます ～たほうがいいです ～こともできます	交通	○		○	
（曜日）に～を出します	ごみ問題	○		○	

	地震への備えを知る	初級～中級	・災害、避難に関する語彙
9. 旅行パンフレット	観光地の写真を見て描写する	初級～中級	・形容詞
	ツアーを選ぶ	中級～上級	・地名 ・曜日、時刻 ・可能動詞 ・乗り物
10. 贈り物のパンフレットやカタログ	お中元やお歳暮の習慣について学び、その疑似体験をする	初級後半～上級	・商品名 ・値段 ・授受表現 ・年中行事に関する語彙
11. 占いの記事	自分の星座の占いの記述を読んで理解する	初級後半～上級	・誕生日、星座 ・性格に関する語彙
12. ファッション雑誌	ファッションのページを見て好みを述べたり、プレゼントを選んだりする	初級～中級	・服装、ファッションの語彙 ・色、形
	伝統的な服装の色や形、機能について説明したり比較したりする	中級～上級	・服装、ファッションの語彙 ・複雑な色、形 ・副詞（わずかに、やや）
13. 料理のレシピ	料理の材料や作り方を理解する。自分の国の料理について作文する	初級後半～上級	・料理、食材の語彙 ・料理法の語彙 ・味に関する語彙 ・助数詞（～杯、～グラム）

～ておきます ～ようにします	防災対策	○		○	○
～が（形容詞）です ～そう（様態）です	景色・風景	○		○	○
～より～のほうが～ ～に比べて～ ～から～まで（手段）で行きます （場所）で～ができます／V可能形 ～だけでなく～も～	観光旅行	○		○	○
（人）に（物）を贈ります／あげます （人）に／から（物）をもらいます （理由）ので／からです	贈り物事情	○		○	○
～でしょう 条件文（～と、～なら、～たら、～ば）	占い	○		○	○
～ています（服装の状態） ～たいです ～がほしいです ～ているN （理由）からです	ファッション・小物、 アクセサリー	○		○	
～は～より～ ～といいます ～ときにV	伝統的な服装			○	
～て、～ます ～たあとで～ます	料理	○		○	○

14. 漫画	せりふを予想して言う	初級後半～上級	・感嘆詞 ・呼びかけのことば ・男ことば・女ことば
	ストーリーを考えて発表する	初級～中級	・感嘆詞 ・呼びかけのことば ・男ことば・女ことば
	ストーリーを考えながら正しい順番に並べ替える	初級～上級	—
	擬音語、擬態語を考える	初級～上級	・擬音語、擬態語
	だれのせりふか考えさせる	初級～上級	・男ことば・女ことば ・待遇表現
15. テレビ欄	番組表から必要な情報を取り、見たい番組を決める	初級～上級	・番組名 ・時間
16. 日本の土産物や珍しい物	物をあげたりもらったりする会話の練習をする	初級	・物の名前 ・形容詞
	初めて見る物の名前や使い方を想像して話す	初級後半～上級	・物の名前

～ね ～よ	漫画	○		○	
～ね ～よ	漫画	○		○	○
～てから～	漫画	○			
―	漫画	○		○	
～のせりふだと思います (理由) からです	漫画、男女の話し方の違い	○			
～時から～時までです	テレビ番組	○		○	○
～です　どうぞ ありがとう（ございます） (形容詞) ですね	土産			○	
～だと思います ～というものだと思います ～に使うものだと思います	道具			○	○

	日本に関する○×クイズをする	初級後半～中級	―
17. 自分の家族やペット、旅行の写真	写真を見せながら家族の説明をする	初級～中級	・家族の名称 ・職業名 ・形容詞
	旅行先で撮った写真を見て、地名や建物の名前を言う	初級	・地名 ・建物の名称
	旅行先で撮った写真を使って観光地図を作り、旅行の行程を決める	初級～中級	・順序を表す語彙（まず、次に、それから） ・地名 ・建物の名称 ・食べ物の名称 ・交通手段に関する語彙
	動物や植物の写真・ペットの写真を見せて説明し、ランキングする	初級～中級	・動物の名称 ・植物の名称 ・地名 ・形容詞
18. 案内板や標識、看板の写真	文字を読んだり意味を予測して説明したりする	初級～中級	・店の名前、営業時間 ・禁止表現
19. 自分で録音した音	音を聞いて想像して話す	初級	・行動を表す動詞
	音を利用してラジオ番組を作る	初級後半～上級	・天気のことば ・ようすを表現することば

～だと思いました ～に似ていると思いました	—	○		○	
～の～です ～しています ～が（形容詞）です ～で、～ ～そうです（伝聞）	家族との関係	○		○	
～の（写真）です ～という～です	観光地			○	
(乗り物）で～から～へ行きます ～てから～ (場所）で～たり～たりします	観光地			○	○
～より～のほうが～ ～がすき／きらいです ～は～が～ ～が一番～	ペット、動物（園）、植物			○	
～時から時までです ～てはいけません ～は～という意味です	看板 , 案内板	○		○	
～の音です ～ています ～てから～	擬音語、擬態語			○	
～ています まるで～のようです	放送番組		○	○	○

20. 自分で撮影した映像		自己紹介の映像を見て、聞いて、理解する	初級～中級	・家族の名称 ・職業名 ・趣味のことば
		部屋の映像を見て推理する	初級後半～上級	・間取りの語彙 ・家具に関係する名詞
		音を消した映像にナレーションを入れる	初級後半～上級	・建物の名前 ・ようすをあらわすことば ・副詞
21. 新聞の記事	(1)一般記事	学習した文字や語彙を見付ける	初級～中級	・ニュースの語彙 ・擬音語・擬態語
		見出しから内容を予測して読む	中級～上級	・ニュースの語彙
	(2)催し案内欄	必要な情報を取ったり、その内容を説明したりする	初級～中級	・日時、場所、料金 ・応募方法 ・催しに関する語彙（コンサート、公演）
	(3)投書欄	投書を読みアドバイスを書く	中級～上級	—
		意見文の内容を把握し、自分の意見をまとめる	中級後半～上級	—

～ています ～がすきです	家族・友達との関係		○	○	○
～ています ～があります ～だと思います ～から（理由）	家の中、家具		○	○	
ここは～です ～があります／います	街のようす			○	○
受身 ～という～	表記（漢字、縦書き、横書き）	○		○	
見出しで使われる表現（動詞、助詞の省略）	—	○		○	
～に～で～が行われます ～たいと思います ～から（理由）です	催し物	○		○	○
～たらよいと思います ～と思うからです ～ではないでしょうか	投書	○		○	○
～からです ～と考えるからです ～に賛成／反対です ～に賛成でも反対でもありません	投書 意見表明の方法	○		○	○

	(4)コラム・社説	コラムの文章を正しく並べ替える	中級〜上級	—
		コラムの文章を読んで写真と合わせる	中級	—
		人物紹介欄を理解して、ほかの人に紹介する	中級〜上級	—
		社説の内容を整理する	上級	—
22. ラジオやテレビの番組	(1)ラジオドラマ・朗読	あらすじを把握したり、感想を述べたりする	中級〜上級	—
	(2)ラジオ子供相談番組	子供と大人の話し方の違いを知る	中級〜上級	・〜ちゃん／くん
	(3)テレビニュース番組	テレビから得た情報をインターネット上で確認する	上級	・ニュースで使われる語彙
	(4)テレビ天気予報	必要な情報を取る	初級〜中級	・天気の語彙 ・時に関する語彙（午前、午後、日中）

—	—	○		○	
—	—	○			
—	—	○		○	
—	—	○		○	○
—	—		○	○	○
普通体 ～かな	待遇表現		○	○	○
—	ニュース報道	○	○	○	○
～でしょう	気象、天気		○	○	

	(5)テレビドラマ	学園ドラマを見て、登場人物、場面、ストーリーについて把握する	初級後半～上級	・家族の名称 ・学校に関することば ・友だち同士の話し方
		ファミリー向けアニメーションドラマを見て、内容を把握する	初級後半～上級	・家族の名称 ・親子の話し方 ・子供同士の話し方
	(6)テレビコマーシャル	必要な情報を取り、日本の生活や文化に親しむ	初級～上級	・擬音語・擬態語
		内容や背景を理解し、コマーシャルの評価をする	中級～上級	・擬音語・擬態語
	(7)テレビインタビュー番組	インタビューでの表現を理解する	中級～上級	・接続詞 ・感嘆詞 ・相づち
	(8)テレフォン・ショッピング	必要な情報を取る	初級～中級	・商品の名前 ・値段 ・助動詞
23. インターネット	(1)観光や買い物に関する情報サイト	日帰り旅行の計画を立てる	中級～上級	・旅行、観光に関する語彙（一泊二日、日帰り、出発、到着、集合、解散）
	(2)検索エンジン	クイズの答えを探す	中級～上級	―

普通体 口語	待遇表現、若者ことば、 中高生の服装、持ち物、 教室の様子		○	○	○
普通体 口語	子供のことば 親子関係		○	○	○
—	日本の CM、キャッチフレーズ		○	○	○
—	日本の CM、キャッチフレーズ		○	○	○
敬語表現（お～になる、お～する） 普通体	待遇表現		○	○	○
V たいです (理由) からです	テレフォンショッピング		○	○	○
V たいと思います (理由) からです	旅行	○		○	○
—	—	○			○

	(3)動画ニュースのサイト—自律学習	自律的にニュースから情報を取る練習をする	中級後半〜上級	・ニュースに関する語彙
	(4)動画CMのサイト	CMを通して、現代日本の問題を考える	中級〜上級	—
24.「みんなの教材サイト」	写真素材をそのまま利用する			
	写真素材を加工して利用する			

—	—	○	○		○
—	キャンペーン広告		○	○	

掲載資料（出典）一覧

掲載頁	内容
9～12	パッケージ画像 きのこの山、たけのこの里、ぷぷるんマスカット、もぎもぎフルーツグミ、まるごと野菜　完熟トマトのミネストローネ 株式会社明治
8	パッケージ画像 カラムーチョ 株式会社湖池屋
10	パッケージ画像 特選　甘栗むいちゃいました クラシエフーズ株式会社
8～12	パッケージ画像 パイの実、コアラのマーチ、ゼロ、雪見だいふく 株式会社ロッテ
9～10	パッケージ画像 ハイチュウ、おっとっと、小枝 森永製菓株式会社　　お客様相談室 0120-560-162
8～10	パッケージ画像 小岩井おいしい牧場、キリン　あつい生茶、キリン　午後の紅茶「ホットストレートティー」、キリン　午後の紅茶「ホットロイヤル」

キリンビバレッジ株式会社

11　PETボトルリサイクル推奨マーク
PETボトル協議会

20～21　パッケージ画像
パブロン鼻炎カプセルS、コーラックII
大正製薬株式会社

22　パッケージ画像
固形浅田飴クールS
株式会社浅田飴

37　広告
アヲハタ白がゆ
株式会社トウ・アドキユーピー

41　広告
ウエストン・S
小林薬品工業株式会社、株式会社電通

48　JR東京近郊路線図
東日本旅客鉄道株式会社

56　旅行パンフレット
沖縄、山梨
株式会社ジェイティービー

68, 71, 72『CUTiE（2006.2.12発行）』宝島社，p64, 66, 158, 159

80　漫画

秋月りす（2003）『OL 進化論【20】』講談社，p40

83 ～ 84　漫画

榎本俊二（2002）『GOLDEN　LUCKY　完全版　上』太田出版

83 ～ 84　漫画

吉田戦車（1990）『伝染るんです。①』小学館，p51

87　漫画

西岸良平（2004）『三丁目の夕日　夕焼けの詩【49】―潮騒―』小学館，p66, 67

90　漫画

雁屋哲, 花咲アキラ（1997）『美味しんぼ【59】―対決再開！オーストラリア』小学館，p141

132, 134　新聞記事

すべて朝日新聞　2006 年 2 月 21 日、24 日、18 日、3 日

149　新聞記事

朝日新聞 2006 年 1 月 20 日

195　ウェブサイト

公益社団法人　A C ジャパン http://www.ad-c.or.jp/

株式会社電通

198 ~ 202　みんなの教材サイト
すべての写真
みんなの教材サイト http://minnanokyozai.jp/

執筆者

久保田美子(くぼた よしこ)　国際交流基金 日本語国際センター専任講師

簗島史恵(やなしま ふみえ)　国際交流基金 日本語国際センター専任講師

中村雅子(なかむら まさこ)　国際交流基金 日本語国際センター専任講師

磯村一弘(いそむら かずひろ) 国際交流基金 日本語国際センター専任講師

長坂水晶(ながさか みあき)　国際交流基金 日本語国際センター専任講師

八田直美(はった なおみ)　国際交流基金 日本語国際センター専任講師

執筆協力

阿部洋子　国際交流基金 バンコク日本文化センター主任講師

木谷直之　国際交流基金 日本語国際センター専任講師

木山登茂子 国際交流基金 日本語国際センター専任講師

本文切り絵

大槻紀子

カバーイラスト

片岡樹里

装丁

柳本あかね

日本《にほん》語《ご》教《きょう》師《し》必携《ひっけい》

すぐに使《つか》える「レアリア・生教材《なまきょうざい》」アイデア帖《ちょう》

2006年 8月 1日　初版第1刷発行
2012年10月17日　第 4 刷 発 行

著　者　国際交流《こくさいこうりゅう》基金《ききん》

発行者　小林卓爾

発　行　株式会社スリーエーネットワーク

〒102-0083　東京都千代田区麹町3丁目4番トラスティ麹町ビル2F

電話　営業　03（5275）2722

編集　03（5275）2725

http://www.3anet.co.jp/

印　刷　倉敷印刷株式会社

ISBN978-4-88319-400-1　C0081